KB195029

영화극

# 영화극

**심리학적 연구**

후고 뮌스터베르크 지음 | 유현주 옮김

문학동네

# 차례

## 일러두기

1. 이 책은 2002년 앨런 랭데일이 재편집하고 해설한 판본을 중심으로 번역했다. Hugo Münsterberg, *Hugo Münsterberg on Film: The Photoplay: A Psychological Study and Other Writings*, ed. by Alan Langdale, Rooutledge: New York London, 2002. 참조한 독일어본은 다음과 같다. Hugo Münsterberg, *Das Lichtspiel. Eine psychologische Studie (1916) und andere Schriften zum Kino*, hrsg u. Ins Dtsch. übers. von Jörg Schweinitz, 1996.

2. 저지 주는 미주로, 옮긴이주는 각주로 실었다.

3. 원서의 이탤릭은 고딕으로 표기했다.

# 제1장 영화의 외적 발전

영화moving picture의 발전이 시작된 지점이 어디인지 말하는 것은 자의
적이며, 그 발전이 어디로 향할지 예측하는 것은 불가능하다. 어떤
발명이 그 탄생을 표시하는가? 움직임을 화면 위의 이미지로 최초로
옮겨놓은 장치가 그것일까? 아니면 움직이는 대상의 다양한 국면을
처음으로 촬영했을 때가 영화의 발전이 시작된 순간인가? 혹은 최초
로, 움직이고 있다는 인상을 줄 수 있는 속도로 이미지들을 연속으로
상영했을 때인가? 그도 아니라면, 스쳐 지나가는 이미지들을 벽면에
빠르게 투사하는 실험이 처음으로 성공한 그날인가?

만일 당신이 영화를 오락과 미적 유희의 원천으로 여긴다면, 당
신은 아마도 '카메라 옵스큐라' 장치에서 그 기원을 발견할 것이다.
이 장치는 유리 슬라이드가 다른 유리 슬라이드 앞으로 지나갈 수 있
도록 만들었고, 이로써 한쪽 유리 슬라이드 위에 그려진 기차가 다른
유리 슬라이드에 그려져 있는 다리를 건너는 모습을 보여주었다. 이
러한 것은 반세기 전에 상당히 인기를 끌었다. 그런데 이와는 달리
여러 광경을 하나로 연결된 인상으로 조합하는 것이 영화의 본질적

속성이라 여긴다면, 우리는 과학적 흥미만을 지니고 있었던 '페나키스토스코프Phenakistoscope'[1]가 등장한 시대를 떠올려야 하는바, 이것은 80여 년 전에 발명되었다. 얼마 전부터 영화 제작의 고전적 토양이된 미국에서는 1893년의 시카고 박람회, 즉 에디슨이 '키네토스코프Kinetoscope'를 전시한 순간부터 역사가 시작되었다고 할 수 있다. 5센트를 슬롯에 넣고 소형 모터가 돌아가기 시작하면, 관람객은 30초 동안 확대경을 통해 춤추는 소녀의 모습이나 거리의 소년이 싸우는 장면을 보았다. 이로부터 25년도 채 지나지 않아 미국에서는 2만여 개의 영화관이 매일같이 문을 열었다. 수백만 명이 단 5센트로 몇 시간의 재미를 누리게 된 것이다. 한 번에 한 사람만 구멍 속을 들여다볼수 있었던 에디슨의 작은 상자 속에는 사실 몇몇 단순한 장면들만 등장했지만, 그로부터 발전한 2만 개의 영화관에서는 인간의 모든 열정과 감정이 제 무대를 찾고 있다. 역사가 기록하고 과학이 설명하고 상상력이 만들어내는 모든 것이 이미지 왕궁의 스크린 위에서 살아움직이게 되었다.

그러나 에디슨의 30초 장면으로부터 〈국가의 탄생The Birth of a Nation〉[2]으로 발전한 환경은 순전히 미국의 토양이 아니었다. 어쨌든 슬롯 박스가 대중적 성공을 거둘 확률은 거의 없었다. 결정적인 진보는 최초로 스크린에 투사된 에디슨 타입의 이미지를 수많은 관중들이 동시에 보았을 때 이루어졌다. 그 일은 1895년 런던에서 일어났다. 그러니 영화관의 역사는 영국에서 시작되었다고도 할 수 있다. 물론 미국에도 에디슨보다 훨씬 이전에 솟아오른 흐름의 원천이 있었다. 일찍이 1872년 캘리포니아에서 사진 실험을 감행한 영국 신사 머이브리지Eadweard Muybridge의 시도가 그것이다. 연속적 움직임의 다양한 국면을 촬영하는 것이 그의 목표였는데, 이를테면 빠른 속도로 걷고 있는 말이 취하는 다양한 자세를 촬영하는 것이었다. 그러므로 그의 목적은 움직임의 구성 요소들에 의해 움직이는 영상을 합성하는 것이 아니라, 움직임을 구성 요소들로 분해하는 것이었다. 이것 또한 명백히 훗날의 승리를 위한 필수적인 단계였다.

만일 새로운 세계와 이전 세계의 과학적이고 예술적인 노력을 결합할 수 있다면, 우리는 아마 다음과 같은 시점과 성취를 통해 영화의 역사를 구상할 수 있을 것이다. 1825년 로제Peter Mark Roget 박사는 〈철학 회보Philosophical Transactions〉에 수직으로 서 있는 막대기 울타리 뒤에서 바퀴가 회전할 때 발생하는 흥미로운 착시 현상에 대해 기술했다. 이러한 논의는 몇 년 후 이 분야의 대가인 패러데이Michael Faraday에 의해 보다 심화된다. 1831년 그는 〈대영제국 왕립 저널Journal of the Royal Institute of Great Britiain〉에 투고한 「독특한 시각적 착시 유형에 관하여on a peculiar class of optical deceptions」에서 이에 대한 논의를 전개했다. 그는 서로 다른 형태와 크기의 톱니바퀴들이 상이한 속도와 방향으로 회전하는 여러 복잡한 실험을 설명한다. 우리의 눈은 앞바퀴의 톱니 사이로 뒷바퀴의 톱니를 응시한다. 그 결과 객관적인 운동에 준하지 않는 운동 효과가 발생하는데, 후진 회전이 전진 회전인 것으로 보이고, 느린 움직임이 빠른 움직임인 것으로 보이며, 움직임의 조합이 완벽한 정지인 듯한 인상을 주었다. 이는 최초로 서로 다른 요소를 통해 움직임의 인위적인 인상을 생성한 것이었다. '새로운 심리학'이 심리적 경험의 실험적 분석을 통해 19세기 후반이 되어서야, 혹은 심지어는 심리학 연구소가 설립되고 나서야 시작되었다고 믿는 사람들은 1830년대 초반의 논의들을 살펴보면 상당한 깨달음을 얻을 수 있을 것이다.

다음 단계는 우리를 훨씬 더 앞으로 나아가게 한다. 1832년 가을, 독일의 슈탐퍼Simon von Stampfer와 프랑스의 플라토Joseph Plateau는 비슷한 시기지만 서로 독립적으로, 다양한 움직임의 단계에서 물체의 이미지가 계속 움직이는 인상을 주는 장치를 설계했다. 둘 다 방사상

으로 배열된 미세한 슬릿³을 검정색 디스크 안쪽에 절개하여 그 효
과를 얻었다. 디스크를 중심에서 돌리면 슬릿은 관찰자의 눈을 스쳐
지나간다. 만약 관찰자가 거울 앞에 디스크를 들고 있고 여러 개의
슬릿을 통해 볼 수 있는 그림이 그 뒷면에 그려져 있다면, 관찰자의
눈에는 같은 위치에서 매우 빠른 속도의 그림이 연달아 보인다. 만약
이 작은 사진들이 서로 다른 움직임의 단계를 보여준다면, 예를 들어
바퀴살이 있는 바퀴가 서로 다른 회전 움직임의 단계에 있다면, 전체
적인 인상의 결과는 회전하는 바퀴라는 인식으로 결합될 것이다. 슈
탐퍼는 이것을 '스트로보스코픽 디스크stroboscopic disk'라고 불렀고 플
라토는 '페나키스토스코프'라고 불렀다. 슬릿이 작을수록 사진은 선
명했다. 1853년 초 비엔나의 우하티우스Franz von Uchatius는 벽에 스트
로보스코프 디스크의 사진들을 투사하는 기구를 설계했다. 호르너
William George Horner는 높이가 있는 실린더로 디스크를 대체한 '대달로
임Daedaleum'을 만들어 그 뒤를 이어나갔다. 이것은 안쪽 면에 그림이
있고 원통이 돌아가는 동안 구멍으로 외부에서 사진을 볼 수 있도록
한 것이었다. 이리하여 '주트로프zoötrope'나 '비오스코프bioscope'처럼
주변에서 흔히 볼 수 있는 장난감들이 만들어졌다. 이 장난감들은 수
직 슬릿이 있는 회전하는 검은색 실린더로서, 안쪽에는 연속적인 단
계로 움직이는 대상이 그려져 있는 종이띠가 부착되어 있었다. 광대
들이 굴렁쇠를 통과하여 점프를 하는 장면은 원통을 새로이 돌릴 때
마다 전체 동작을 반복한다.

   이보다 더 복잡한 장치에는 슬릿들이 상호 겹쳐 있는 세 개의 열
로 배치되었다. 첫번째 열은 슬릿들이 이미지와의 거리와 정확하게
일치한다. 그 결과 움직이는 물체는 동일한 자리에 고착된 것처럼 보
인다. 두번째 열은 슬릿들을 더 가까이 배치한다. 그러면 이미지들은
장치가 작동하는 동안 마치 대상이 진짜로 앞으로 움직이는 듯한 효
과를 만든다. 세번째 열은 슬릿들이 이미지들로부터 더 멀리 떨어져

있다. 그 결과 이미지는 뒤쪽을 향해 움직인다.

오늘날 영화세계를 조정하는 과학적 원리는 이러한 초기 장치를 통해 확립되었다. 간격에 의해 분리되어 있지만 빠른 속도로 제시되는 사진들은 각각 다른 위치의 개별적인 인상이 아니라 연속적인 움직임으로 인지된다. 그렇지만 당시에 사용된 움직이는 이미지들은 예술가가 펜으로 그린 것들이었다. 실제 삶은 어디서나 연속적인 움직임을 보여주기 때문에 예술가는 상상력으로 서로 다른 순간 움직임의 위치를 해결해야만 했다. 요지경통을 만들기 위해 경마를 그린다고 하면, 말이 앞으로 달려가는 동안 말의 다리를 그린 다양한 그림들이 실제 움직임의 단계에 진짜로 부합하는지 아무도 말할 수 없었다. 스트로보스코픽 효과가 가진 거짓말을 하지 않는 정교함은, 연속하여 진행되는 단계를 고정하는 작업이 필수적임을 보여주었다. 1870년대 초 장치들은 이미 만들어졌지만, 이러한 진보가 가능하게 하기 위해서는 먼저 사진예술에서 놀라운 모든 발전이 진행되어야만 했다. 노출을 위해 몇 시간이나 고정되어야 했던 초기 다게레오타입daguerreotype으로부터, 외부세계의 이미지를 찰나의 순간 포착하는 스냅사진으로의 발전 말이다. 그렇지만 여기서 이러한 기술적인 진보, 사진감광판 표면의 완벽화는 우리 관심의 대상이 아니다. 1872년 사진가들의 카메라는 스냅숏을 찍을 수 있는 단계에 도달해 있었다. 그러나 이것은 카메라 한 대로 진짜 움직임의 사진을 찍을 수 있는 것은 아니었다. 왜냐하면 짧은 동작의 서로 다른 단계를 포착하기에는 사진판을 아직 그렇게 빨리 교환할 수 없었기 때문이다.

여기에서 앞서 언급한 머이브리지의 작업이 시작되었다. 그는 하얀 벽 앞에서 검은 말로 하여금 갤럽 혹은 빠르게 걸으면서 카메라 스물네 대 앞을 지나가도록 했다. 가는 길에는 줄이 스물네 개 놓여 있었는데 말이 앞으로 나아가면서 이를 순서대로 끊어버렸고, 이러한 동작이 다시 각각의 카메라 셔터를 여는 스프링을 해제했다. 이러한 방식으로 말의 움직임은 연속적인 단계의 사진 스물네 장으로 분해되었다. 이때 인간의 눈은 갤럽이나 속보에서 말의 다리가 실제 어떠한 모습인지 사상 처음으로 볼 수 있었다. 머이브리지가 파리에 도착했을 때, 프랑스의 화가들이 이 사진들에 흥미를 보인 것은 놀랄일이 아니다. 그러나 이들보다 더 흥미를 내비친 사람은 동물의 동작을 연구하는 위대한 연구자이자 생리학자였던 마레Étienne-Jules Marey였다. 그는 동작의 진행 과정을 규명하는 많은 기계장치로 학문에 기여한 장본인이다. 오늘날까지도 '마레의 탬부어Marey's tambour'는 가볍고 섬세한 동작을 기록해야 하는 모든 생리학 실험실과 심리학의 실험실에서 가장 유용한 도구로 쓰인다. 특히 마레는 새의 날개 움직임을 연구하고 있었는데, 그의 조언에 따라 머이브리지는 새의 날개를 촬영하는 방향으로 선회했다. 날아가는 비둘기들이 서로 미세하게 다른 자세로 찍힌 사진은 각각 1/500초마다 촬영되었다.

　마레 스스로도 이러한 방법을 발전시켰다. 그는 천문학자인 장센Pierre Jules César Janssen이 천문 현상을 촬영할 때 적용한 발상을 이용했다. 예를 들어 장센은 1874년 12월 금성의 일면통과[4]를 카메라 안에서 회전하는 원형의 감광판 위로 촬영했다. 그 판은 매분마다 몇 도씩 앞으로 움직였다. 이런 방식으로 한 감광판의 가장자리에 일면통과의 각기 다른 단계를 열여덟 번 촬영할 수 있었다. 마레는 회전판을 위한 기계를 만들었는데, 1분의 시간 간격 대신 12분의 1초가되도록 했다. 이제 하나의 회전판으로도 날아가는 새를 스물다섯 번찍을 수 있었으며, 이와 함께 우리는 1880년대 초반에 도달한다. 마레는 카메라 한 대로 빠르고 연속적인 스냅사진을 촬영하기 위해 기계를 끊임없이 개선했다. 그는 검은 배경 앞에서 흰옷 입은 사람들을 촬영했다. 이렇게 일 초에 열 장의 사진이 찍힐 경우, 사람들이 뛰거나 달리는 것과 같은 가장 섬세한 움직임이 해결되었다. 물론 여전히 움직임을 과학적으로 이해하고자 하는 것이 주된 목적이었을 뿐, 이 사진들의 조합으로 움직임이라는 연속적인 인상을 주려는 목적은 없었다. 단순한 오락을 의도한 것은 더욱 아니었다.

그 시기에 독일의 안쉬츠Ottomar Anschütz는 머이브리지의 제안을 더 성공적으로 계승하며 동물과 인간의 움직임을 촬영하는 이 기술에 새로운 방향을 부여했다. 그는 연속적인 단계를 촬영했을 뿐 아니라, 수평으로 놓여 있는 바퀴의 가장자리에 긴 띠를 두르고 여기에 연속촬영한 사진을 인쇄했다. 이 바퀴는 어두운 상자 안에 있어서 오직 가이슬러관Geissler's tube 5의 불빛이 잠깐 비출 때만 종이 띠 위의 사진을 눈으로 볼 수 있었다. 바퀴 자체에 전기 접점이 있고, 두 차례 빛 사이의 구간은 바퀴가 하나의 사진에서 다음 사진으로 움직이는 데 필요한 시간과 일치했다. 바퀴의 속도가 얼마나 빠른가와 관계없이 사진이 다음 사진을 대체하는 것과 같은 속도로 빛이 다음 빛을 뒤따르는 것이다. 하나의 사진이 사라지고 다른 사진이 나타나는 동안에 시야의 중심은 완전히 어두운 상태로 남는다. 그 결과 눈으로는 그 과정을 정확히 관찰하지 못하며, 마치 사진들이 같은 자리에 머물러 있으면서 실제로 대상이 움직이는 것 같은 인상을 받는다. 새는 날개를 파닥거리고 말은 달린다. 그것은 실제로 완벽한 영사기였다. 그러나 이것의 한계도 명백했다. 바퀴가 한 번 돌고 나면 이전 사진들이 되돌아오기 때문에 여기에서는 단순히 리듬감이 있는 하나의 동작만 볼 수 있었다. 행진하는 사람들은 실제의 모습과 굉장히 흡사하게 나타났지만, 그들은 계속해서 행진하는 것 외에 다른 동작은 하지 못했다. 바퀴의 둘레는 발걸음의 처음부터 끝까지 다리를 움직이는 데 약 사십 단계 이상은 허용하지 않았다.

만약 움직임을 찍은 사진이 이런 가장 단순한 형태의 리듬 운동의 차원을 넘어서려 한다면, 예를 들면 행동하는 사람을 정말로 보이고자 한다면, 순간적인 빛 안에서 훨씬 더 많은 사진들을 확보해야 했다. 바퀴 원리는 폐기되어야만 했고 사진으로 된 긴 띠가 필요했다. 이를 위해서는 상응하는 긴 일련의 촬영을 전제해야 했으나, 사진이 유리판에 찍히는 한 실현될 수 없었다. 다행히 이 시기에 유리를 더 유연하고 더 투명한 물질로 대체하고자 하는 다양한 실험이 여러 곳에서 이루어졌다. 빛이 투과되는 반투명 종이, 젤라틴, 셀룰로이드, 그리고 또다른 요소들이 그것이다. 마침내 로체스터의 이스트먼George Eastman[6]이 만든 필름film이 결정적인 발명이라는 것은 매우 잘 알려져 있다. 이 발명과 함께 아주 의미 있는 기술적 진보도 이루어졌는데, 바로 롤러 두 개를 동시에 사용하는 기술이다. 한 롤러가 긴 필름 스트립을 고정하고 있으면 이 스트립은 두번째 롤러 위로 천천히 감기는데, 이 기술은 오늘날의 모든 아마추어 사진가들에게 익숙하다. 필름이라는 재료와 함께 사진술은 마레와 안쉬츠가 원형 형태의 장치로 찍었던 사진들보다 더 많은 수의 사진을 확보했을 뿐 아니라, 얼마간의 기간이든 빛을 빠르게 뒤따르도록 함으로써 눈이 인식하기 전에 이 사진들을 지나가게 하는 가능성 또한 확보했다. 게다가 지나가는 사진은 깜빡이며 조명을 받지 않고 끊임없이 빛에 비추어질 수 있었다. 이 경우 슬릿이 반대 방향으로 지나가므로 각 사진은 마치 조용히 정지해 있는 것처럼 오직 한 순간만 보인다. 에디슨의 장치는 이 발상을 완벽하게 실현했다.

에디슨의 키네토스코프에서는 각각 0.75인치의 사진들로 구성된 45피트 길이의 셀룰로이드 필름 스트립이 한 롤이 끝날 때까지 계속 움직였다. 사진들은 확대경을 지나는데, 렌즈와 사진 사이에는 세심하게 필름에 맞는 속도로 움직이는 셔터가 있었다. 셔터는 필름이 0.75인치만큼 정확히 이동하는 순간 확대경과는 반대편에서 개방되었다. 따라서 눈으로는 사진들이 지나가는 전체 장면을 보는 것이 아니라 같은 위치에서 한 사진 다음에 다음 사진을 보게 되었다. 작고 예쁜 장면들이 30초 동안 보여지는 동안 600장 이상의 사진들이 쓰

일 수 있었다. 1890년에 만들어진 첫번째 장치는 시카고 월드페어 이
후 곧 전 세계에서 오락거리가 되었다. 안쉬츠의 바퀴도 널리 알려졌
으나 이것은 어느 정도 과학적인 기계로 여겨졌다. 에디슨의 키네토
스코프를 통해 움직이는 영상은 인기 있는 즐길거리와 오락의 수단
이 되었고 상업적으로도 흥미를 불러일으켰다. 즉시 곳곳에서 에디
슨의 기구를 개선하려는 노력이 이루어졌고, 대중의 요구에 맞추는
것이 최우선 과제가 되었다.

성공의 왕관은 파리의 뤼미에르 형제Auguste Lumière and Louis Lumière
와 런던의 로버트 윌리엄 폴Robert William Paul에게로 거의 동시에 돌아
갔다. 그들은 한 번에 한 명만 영상을 볼 수 있는 한, 이 새로운 기계가
그렇게 대규모로 이윤을 내지 못할 것을 분명히 깨달았다. 이 유명한
프랑스 사진회사의 제조업자와 영국의 엔지니어는 커다란 화면 위
의 필름 영사를 필수적인 다음 단계로 상정했다. 그러나 이것은 또다
른 근본적인 변화를 전제하고 있었다. 키네토스코프에서 필름들은
멈추지 않고 계속 지나간다. 선명한 사진들을 보여주어야 했기 때문
에 회전하는 셔터를 여는 사진의 노출 시간은 매우 짧을 수밖에 없었
다. 아주 약간만 노출시간을 늘려도 필름 자체의 움직임이 보였고 번
지는 효과가 생겼다. 이는 사진을 보기에는 충분한 시간이었지만, 벽
위로 확대된 화면에는 충분하지 않았다. 개별적인 이미지를 재생하
기에는 통과하는 빛의 양이 너무 적었다. 그래서 필름의 지속적인 움
직임을 간헐적인 것으로 전환하는 일이 필수적이었다. 필름 스트립
은 영사 기계의 빛이 거쳐가는 짧은 시간에는 멈추어 있고, 셔터가
닫혀 있는 동안에는 스트립의 실제 움직임이 항상 발생하도록 렌즈
를 지날 때 갑작스러운 움직임으로 당겨져야 했다.

뤼미에르 형제와 로버트 윌리엄 폴 모두 이 문제를 해결하고자
단 한 장의 사진 길이인 0.75인치만큼 간격을 두고 사진들을 앞으로

밀어내는 데 성공했다. 1895년 봄 폴의 '씨어트로그라프theatrograph'와 '애니마토그라프animatograph'가 완성되었다. 다음해 그는 알함브라 극장에서 상영을 시작했는데, 이 새로운 기계는 원래 며칠 동안만 보드빌 쇼를 하기로 계획했으나 유례없는 성공을 거두면서 몇 년 동안이나 계속 쓰였다. 한편 미국은 뤼미에르의 장치가 지배했다. 에덴 뮤제The Eden Museé는 이 프랑스의 '키네마토그라프kinematograph'가 설치된 최초의 장소였다. 오늘날 전 세계에서 12만 5천 개의 영화관들이 매일 3천만 명의 관객들에게 선사하는 즐거움은 뤼미에르 형제와 로버트 윌리엄 폴의 발명 덕분이다. 사진을 촬영하는 기술이나 스크린에 영사하는 기술은 상당히 개선되었지만 근본적인 특징은 변하지 않았다. 전반적으로 지난 20년 동안의 발전은 다소 보수적인 것이었다. 모든 제작자가 자신의 영화를 전 세계에 상영하고자 하는 상황은 전체 영화계의 광범위한 표준화를 가져온다. 필름 위의 작은 사진들은 여전히 에디슨이 키네토스코프에서 사용한 것과 같은 크기이며, 긴 필름 테이프들은 필름을 움직이게 하는 스프로킷을 붙잡기 위해 여전히 각 면에 있는 4개의 구멍을 기준으로 측정된다.

만약 이러한 성공이 최종적인 것이었다면, 영화가 보드빌 극장의 매력이 된 이후 새로운 엔터테인먼트와 감각에 대한 대중의 열망은 충족되었을 것이다. 실제로는 기술상의 놀라움이 주는 단순한 즐거움은 필연적으로 사그라졌고, 사람들의 관심은 오직 스크린에 나타나는 장면 자체가 매력적일 때만 지속될 수 있었다. 어떠한 예술적인 설정도 없고 리허설이나 준비도 없는, 일 분도 채 되지 않는 통속적 장면들은 이제 만족스럽지 못했다. 아기를 씻기는 할머니나 길거리에서 장난을 치는 소년들을 보여주던 장면은 빠르게 소규모의 코미디로 대체되어야 했다. 무대가 세워졌고, 더 많은 공들인 장면들이 창조되었다. 필름은 점점 길어졌다. 프랑스에서, 조금 후에는 미국, 영국, 독일에서, 특히 이탈리아에서 경쟁적인 회사들이 더 많은 수

의 야심찬 제작품을 공개했다. 이미 1898년에 뉴욕의 에덴 뮤제는 5
만여 장의 사진으로 정교하게 구성한 수난극을 만들었는데, 이를 영
사하는 데는 거의 한 시간이 필요했다. 직원들의 수가 빠르게 증가했
고, 어떤 배경도 만들어낼 수 있는 거대한 시설들이 세워지기 시작했
다. 그러나 시간이 지날수록 이런 실내 스튜디오에서 만들어진 장면
으로는 충분하지 못했다. 영화극photoplay이 멋진 배경 앞에서 촬영한
흥미진진한 장면을 요구할 때, 키네마토그라프 카메라는 산으로, 해
변으로, 나아가 아프리카의 정글과 중앙아시아로 보내져야 했다. 수
천 명의 사람이 역사 드라마가 요구하는 전투 장면에 투입되었다. 오
늘날 우리는 키네토스코프 시대에 그 누구도 감히 꿈꾸지 못했던 외
적인 발전의 한복판에 서 있다. 그렇지만 이러한 기술적인 진보와 영
화 제작을 위한 기계의 엄청난 증가는 진부한 에피소드들에서 세련
된 액션의 단계로, 통속적인 루틴에서 새롭고 많은 것을 약속하는 예
술로 이어지는 내적 발전의 진보 안에서만 진정한 의미가 있다.

제2장 **영화의 내적 발전**

호스의 물을 틀고 있는 작은 소년이 등장하는 에디슨의 30초짜리 쇼
를 시작으로 〈넵튠의 딸The Daughter of Neptune〉이나 〈쿠오바디스Quo
Vadis〉 〈까비리아Cabiria〉, 그리고 우리의 저녁 시간을 채워주는 많은
다른 작품들에 도달하기까지, 상술한 외부 기술의 진보만 있었던 것
은 아니다. 진보는 무엇보다도 내부에서 이루어졌다. 다시 말해 그
진보란 미학적인 숙고였다. 그러나 이 미학적 숙고조차 영화극의 발
전만 거론하기 때문에 영화가 내적으로 성장한 이야기 전부를 들려
주진 않는다. 영화가 단순히 상상력을 환기시킬 뿐 아니라 지식인들
에게 메시지까지 전달한다는 사실은 쉽게 간과된다. 영화는 가르침
과 정보도 목표로 삼는다. 마치 잡지의 앞뒤 표지 사이에 예술적인
기사들이 유익한 에세이나 과학 관련 기사, 시사적 논의와 함께 나란
히 실리는 것처럼, 영화극은 모든 면에서 현실에 대한 영화적 렌더링
rendering[1]을 수반한다. 자연과 사회 속에서 인간의 이해력과 호기심을
자극하는 그 무엇이든, 움직이지 않는 사진이 아닌 생동감 있는 영상
이 그것을 스크린에 옮겨놓았을 때 관중의 마음속에는 비길 데 없는

강렬함으로 다가온다.

오늘날 일어나는 일들은 가장 편리한 자료를 제공한다. 그런 일들은 끊임없이 바뀌는 프로그램에 기회를 주고 새로움을 찾는 대중에게도 이상적인 상황을 제공한다. 등장하는 배우가 반드시 요구되는 것은 아니다. 즉, 극적인 관심은 사건들의 정치적, 사회적 중요도에 따라 조성된다. 영화극 제작을 위한 위대한 무대가 아직 만들어지지 않았던 초기에 영화산업은 오늘날보다 우리를 둘러싼 공적인 생활 속에서 발생하는 일에 훨씬 더 의존했다. 그러나 소재가 풍부해지면서 퍼레이드나 행렬, 연설가를 보는 일은 무료해졌다. 심지어 영화에 즉각적으로 관심이 생긴 듯 보여도 그것은 대개 오로지 지역과 결부된 관심일 뿐이었고, 그조차 이내 사라져버렸다. 왕의 대관식이나 대통령의 취임식, 시칠리아에서 일어난 지진, 유명한 더비 경기도 어찌 되었든 자주 있는 일은 아니었다. 더욱이 치열한 경쟁을 통해 맨 처음 시도한 자만 이득을 얻고, 리포터의 재능을 가진 영화 촬영 기사가 가장 주목할 만한 것에 돌진했을 때만 비로소 까다로운 영화 관객들의 눈에 드는 데 성공할 수 있었다.

분명 이러한 대규모 사업의 역사는 모험적인 일들로 가득하며, 신문이라는 매체가 대표하는 언론 세계의 가장 대담한 성취에 견주어도 손색이 없다. 우리는 영국 왕세자의 임명식이 카나번성에서 오후 4시에 거행되었을 때, 런던 시민들이 같은 날 밤 10시 정각에 이미 영상으로 만들어진 12분짜리 임명식을 화면에서 볼 수 있었다는 이야기를 알고 있다. 두 장소 사이의 거리는 200마일이었고, 필름의 길이는 750피트였다. 필름은 특급열차 안에서 현상되고 인화되었다. 열차 자체는 암실로 사용할 수 있는 긴 화차들로 이루어져 있었는데, 현상과 세척을 위한 탱크와 인화와 건조를 위한 기계까지 갖추고 있었다. 하지만 전체적으로 보면 당시 대규모 행사의 영사는 유럽에서 점차 설 자리를 잃어 갔고, 미국에서는 더구나 신문의 경쟁자가 될 수 있는 이러한 시사 영상에 대해 애초부터 그렇게 큰 관심을 보인 적이 없었다. 미국의 제작자들은 뉴스와 비슷한 시사 영상을 그다지 좋아하지 않는다고 알려져 있다. 행사들이 갖는 돌발적인 성격 때문에 제작이 불규칙해지고, 이로 인해 꾸준히 준비가 진행되어야 하는 다른 영화극의 제작이 방해받기 때문이다. 오로지 전쟁이 발발했을 때만 흥분의 도가니가 그러한 무관심을 휩쓸어갔다. 방공호와 행군, 포로들의 삶, 지도자들의 동향, 전선 뒤 바쁜 일상, 거물들의 거동은 세계 곳곳에서 대중의 관심을 빨아들였다. 그림 같던 옛 시절의 종군 기자는 거의 다 자취를 감추는 가운데 그들의 모든 용기와 인내, 선정성에 대한 감각, 모험 정신은 이제 영상을 만드는 사람들이 물려받았다.

하지만 사회적이고 역사적인 사건을 포착하는 것보다 더 대단한 영화 기술의 성취는 자연의 삶을 영화로 만들어 경이로운 성공을 이루었다는 점이다. 최근 몇 년 새 어떠한 탐험가도 멀리 떨어진 대륙이나 바다를 영화 장비 없이는 건너지 않는다. 우리는 갑작스럽게 아프리카 황무지 위의 삶을 아주 밀접한 거리에서 들여다보게 되었다. 그곳에서는 코끼리와 기린과 원숭이가 물웅덩이로 향하면서도 촬영감독이 나무 꼭대기 위에서 촬영기의 크랭크를 돌리고 있다는 사실은 알지 못한다. 우리는 끝없는 빙하 지대로 들어서는 스콧과 섀클턴을 뒤쫓았고, 히말라야를 올랐으며, 비행기가 나는 고도에서 세상을 바라봤다. 이제 유럽의 아이들도 나이아가라폭포가 얼마나 경이로운지 안다. 그러나 촬영기사들이 거대하고 낯선 곳의 자연만 찾았던 것은 아니다. 그들은 목가적인 분위기 속에서도 감탄스러운 인상을 남기며 자연의 길을 따라갔다. 숲속 냇물과 둥지 안 새들, 바람에 흔들리는 꽃의 아름다움은 새로운 방식이 발달하면서 기쁨에 찬 사람들의 눈 속에 점차 더 많이 담겼다.

그러나 카메라가 우리에게 드러내주는 자연의 경이는 맨눈이 따라갈 수 있는 것에만 한정되지 않는다. 기술적 진보는 현미경의 부착으로 이어졌다. 커다란 어려움을 극복한 뒤, 과학자들은 차원을 10만 배는 늘리는 '현미경 영화촬영술microcinematography'을 개발하는 데 성공했다. 스크린을 통해 우리는 병에 걸린 동물의 혈류 속에서 박테리아가 현미경으로만 관찰할 수 있는 미세한 혈구와 싸우는 것을 볼 수 있을지도 모른다. 그렇다. 카메라의 기적을 통해 우리는 그 누구도 외부세계에서는 관찰할 수 없는 자연의 생명을 추적할 수 있을지도 모르는 것이다. 현실에서는 난꽃이 봉오리를 틔운 다음 꽃이 활짝 피고 지기까지는 몇 주가 걸릴 수도 있다. 영화라면 이 과정은 수초 안에 우리 눈앞을 지나간다. 우리는 어떻게 애벌레가 고치를 틀고 나서 부수고 나오는지, 어떻게 나비가 날개를 펼치는지를 본다. 며칠, 몇 달은 걸려야 하는 모든 것이 몇 초 안에 진행된다. 이러한 발전에 힘입어 지리학과 식물학, 동물학에 대한 새로운 관심이 유발되었는데, 영화극의 초기에는 꿈도 꿀 수 없던 것들이다. 과학자들 스스로 새로운 기술적 수단을 통해 그들의 연구에 기대치 않았던 조력을 얻었다.

이러한 '사진 이미지를 통한 지식photoknowledge'의 세계에서 마지막 성취는 '스크린 위의 잡지'다. 이것은 영화 기술이 급속하게 진보한 우리 시대에조차 아직 필요하다고 여겨지지 않았던, 훨씬 앞서 나아가는 대담한 발자국이다. 미국의 대중적인 인쇄판 잡지는 약 10년 전 돈을 긁어모으며 전성기를 누렸다. 정보와 오락을 동시에 제공받으려는 대중의 상상력에 대한 그들의 장악력이 서서히 감소하는 동안, 반대로 영화관의 힘은 증가해왔다. 따라서 영화관은 스스로 그 일부를 대체하는 잡지의 과업을 맡아야 했다. 잡지는 그날의 뉴스거리에 대해 적은 지면을 할애하고, 전문가와 공인들이 중요한 문제들

을 토론하는 내용에 더 많은 지면을 할애한다. 지난 20년간 미국의
역사 중 대부분은 화보가 딸린 잡지의 칼럼에 많은 영향을 받았다.
이러한 기사를 통해 수백만의 독자와 접하는 자들은 오늘날 대중이
글보다는 그림으로 배우고 익히기를 선호한다는 사실 ─ 그들이 그
것에 찬성하든 아니든 ─ 을 간과할 수 없을 것이다. 어쨌건 관객들
은 모여 있다. 그들에게 단순한 오락만을 제공하는 대신 진지한 생
각거리를 제공하면 어떨까? 따라서 '파라마운트 픽토그래프Paramount
Pictograph'[2]가 영화관에 지적인 메시지와 야심에 찬 토론거리를 전달
하기 위해 설립되었을 때 그것은 매우 가능성 있는 아이디어였다. 정
치, 경제, 사회, 보건 위생, 기술, 산업, 미학, 과학에 관한 질문들이 수
백만 명의 주의력에 도달하기 위해서 이보다 더 효과적인 방법은 없
다. 물론 기획자들은 이곳의 토론이 일방적 선전으로 전락하지 않도
록 주의할 필요가 있지만, 이것은 인쇄판 잡지의 편집자들도 마찬가
지다. 과학자 가운데 심리학자는 영화 세계의 이러한 최신 도전에 특
별한 관심을 가질 수도 있겠다. 스크린은 심리학 실험과 심리 테스트
의 폭넓은 부분에 흥미를 이끌 수 있도록 특별한 기회를 제공해야만
하며, 또 이런 방식을 통해 직업적 지침과 삶의 실용적 사안들에 대
해 그 중요성을 알리는 지식을 퍼뜨려야만 한다.

　　그러나 정보와 지식을 제공함으로써 교실과 신문과 도서관을
보완하고 있는 영화의 힘은 본래적 과업, 즉 대중에게 오락과 즐거
움을 가져다주는 힘에 비하면 부차적일 따름이다. 이것이야말로 지
난 20년간 진보가 가장 급속하게 이루어진 주된 경로다. 연극이 공연
되는 극장과 보드빌 공연과 소설은 빠르게 스쳐 지나가는 영상이 만
들어내는 드라마에 많은 자리를 넘겨주어야 했다. 이러한 예술적 측
면에서 내적 발전을 이루는 진정한 원칙은 무엇이었을까? 최초의 영
화들이 제공한 짧은 장면은 거의 드라마라고 불릴 수 없었다. 그것은
자체의 내용으로는 대중의 관심을 끌 수 없었을 것이다. 그들의 유일

한 매력이란 사실상 영화 장치를 통해 우리 삶의 실제 움직임을 옮겨 놓은 완벽함이 주는 경이로움이었다. 그러나 곧 감동적인 에피소드가 드라마로 만들어졌고, 작은 희극적인 장면들 혹은 멜로드라마적인 액션이 카메라 앞에서 연기되었으며, 이러한 과정을 통해 진짜 연극 공연만 자아냈던 것과 동일한 감정이 관객들에게 유발되었다. 이때는 연극 무대를 온전히 대체할 수 있는 대체물이 목적인 듯 보였다. 이 새로운 기획의 가장 명백한 이득은 비용의 감축이었다. 배우 한 명이 동시에 관객 수천 명에게 오락을 제공할 수 있으며, 무대 하나의 세팅이 수백만 명에게 즐거움을 줄 수 있다. 그러므로 극장은 민주화될 수 있다. 이제 모든 사람의 지갑이 가장 위대한 예술가를 볼 수 있도록 허용하며, 모든 마을에 무대가 세워질 수 있고, 진정한 극적 공연의 즐거움이 가장 외딴 땅끝까지 퍼질 수 있다. 축음기가 콘서트홀과 가수, 오케스트라와 같은 음악을 무제한 복제할 수 있었던 것처럼, 영화 역시 연극 무대 위의 공연을 끝없이 복제할 수 있을 것처럼 보인다.

물론 대체물이 원본과 완전히 동일할 수는 없다. 우선 색이 빠져 있었고, 실재하는 무대의 진정한 입체감이 결여되어 있었으며, 무엇보다도 발화된 언어는 침묵되어야만 했다.[3] 사이사이 배치된 얼마 안 되는 기술적 텍스트, 소위 리더leader[4]라고 불리는 것은 실제 연극에서 배우들이 직접 설명하고 정교화하는 발화에 비해 그저 힌트를 주는 역할만 해야 했다. 따라서 이러한 영화의 면모는 진짜 연극 극장의 단순한 그림자에 불과했으며, 손으로 그린 그림과 비교했을 때 사진의 실제성이 뛰어나더라도 원래 사람의 모습과 사진이 여전히 다른 것처럼 그렇게 다르기도 했다. 그러나 아무리 영화극이 살아 있는 실제 배우의 공연에 비교하여 빈약하고 그림자 같을지라도, 값싼 복제가 가진 이점이 너무나도 컸기 때문에 영화 제작자들의 야심찬 기획은 짧은 단막극으로부터 수 시간에 이르는 위대한 드라마로 자연스럽게 나아갔다. 영화를 상영하는 극장은 곧 자신만의 셰익스피어 레퍼토리를 확보했다. 입센의 공연을 비롯해 스크린을 통해 극화된 소설은 점점 더 많아졌다. 빅토르 위고와 디킨스가 이곳에서 새로운 성공을 기록했다. 몇 년 안에 바보스러운 진부한 장난 같은 영상부터 〈햄릿〉과 〈페르귄트〉[5]까지, 아주 철저한 리메이크 덕분에[6] 우리가 생각할 수 있는 모든 연극 공연들이 이제 영화적 재현으로 만들어질 수 있는 가능성이 시대를 초월해 증명되고 있다.

　　그러나 이러한 무대 퍼포먼스들을 재생산하는 움직임이 계속되는 가운데, 이전 연극 극장에서는 거의 불가능했던 요소가 카메라의 기술을 통해 가능해질 수 있다는 새로운 사실이 발견되었다. 그리하여 이 발전은 천천히 영화극의 방향을 확실하게 이전 모습과는 달라진 길로 이끌고 있다. 관객을 자극하는 이러한 차이는 카메라맨이 자연과 문화의 실제 배경 속에 장면을 구성할 수 있다는 가능성으로부터 생긴다. 연극의 무대 감독은 바다를 회화적으로 그릴 수 있으며, 필요한 경우 몇 가지 색을 입힌 천을 움직여 물결을 나타낼 수 있다. 하지만 그것의 효과는 실제 절벽에서 진행되는 장면과 물결이 배우들의 발 아래 요동치고 그들 주변에 파도 거품이 이는 최고의 바다 영상을 능가하지는 못한다. 연극의 극장은 특색 있게 그려진 마을과 경관을 보유하고, 자신만의 도시 거리와 이국적 풍경 같은 배경을 가지고 있다. 하지만 배우들의 실제상황에도 불구하고 카메라맨이 찾아낸 지역색이 그대로 드러난 거리 장면과 외국 군중의 두근거리는 삶과 비교하면 완전히 현실과 동떨어진 것을 보여줄 뿐이다.

　　그렇지만 영화극의 영상에서만 가능한 전체 배경의 빠른 전환이 보다 더 특징적이다. 연출가 라인하르트의 회전무대는 연극 애호가에게 멋진 놀라움을 선사했고 이전에 알려지지 않았던 방식으로 빠르게 장면을 전환했다. 그러나 영화극에서 통상적으로 이루어지는 변화와 비교하면 이것은 여전히 느리고 어설프다고 할 수 있다. 배경의 전환은 카메라맨에게 아주 간단하기에 곧 이 새로운 영화극의 특징으로 소개되었다. 이것은 초기에는 주로 유머의 목적으로 쓰였다. 아직 어설펐던 초기 쇼의 관중은 도망치는 사람이 도시의 지붕들 위로, 위층에서 아래층으로, 지하실과 다락방 속으로, 차 속으로 뛰어들어가 시골길을 달리다가 마침내 다리에서 떨어져 물속에 빠지고 경찰에게 잡히는 것과 같은 빠른 장면 전환을 즐겼다. 이러한 슬랩스틱 유머는 지금도 사라지지 않았을 뿐 아니라 장면의 빠른 전환에 더하여 더 고상한 목적의 서비스가 추가되었다. 예술적 플롯의 발전은 남자 주인공과 여자 주인공을 연속적인 시각으로 이곳저곳 따라가게 함으로써 실제 극이 실현하지 못하는 새로운 가능성을 만들었다. 남자 주인공이 자신의 방을 막 떠난다. 우리는 지금 그가 길을 따라가는 것, 그가 연인의 집으로 들어가는 것, 또 그가 거실로 들어서는 한편 동시에 그의 연인이 아버지의 서재로 부리나케 달려가는 것, 그리고 이제 그들이 함께 정원으로 나가는 것을 지켜본다. 심지어 새로운 장면이 다른 장면으로 미끄러지며 들어간다. 기술적 어려움은 방해가 되지 않는다. 카메라맨이 몇천 마일 떨어진 곳에서 찍어온 이미지들은 영화 속에서 불과 몇 피트 안에 끼워넣어지고, 관객은 지금 뉴욕의 클럽룸, 그다음 알래스카의 눈밭, 그리고 열대를 서로 밀접히 이어진 하나의 릴reel을 통해 본다.

  게다가 장면 변환의 간편함 때문에 새로운 장소를 빠르게 만나볼 수 있을 뿐 아니라 동시에 두세 장소를 함께 볼 수도 있다. 장면들은 서로 긴밀히 관계를 맺는다. 우리는 전장의 군인과 함께 동시에 집에 남아 있는 그의 연인도 볼 수 있다. 이러한 계속되는 전환 속에서 우리는 이곳과 저곳에 동시에 있을 수 있다. 우리는 남자가 뉴욕에서 전화기에 대고 말하는 것을 보는 동시에 워싱턴에서 그의 전화를 받는 여자를 본다. 영화극에서는 장거리 대화의 몇 분 안 되는 시간 속에서 두 가지 교차하는 공간을 보여주는 것이 전혀 어렵지 않다.

또한 배경의 빠른 변화를 통해 영화의 기술자들은 연기자 뒤쪽
에 있는 장면의 신속한 움직임을 만든다. 보다 빨리 장치를 가동하게
만들기만 하면, 이로써 전체 퍼포먼스의 리듬은 장면의 익살스러운
유머를 돕는, 눈에 띄는 빠른 속도를 끌어낸다. 여기부터 자연적으로
는 절대로 얻을 수 없는, 한 걸음 나아간 액션 퍼포먼스에 진입한다.
처음에 이 아이디어는 조금 더 거친 코믹한 효과에 유용하도록 만들
어졌다. 경찰관은 단단한 돌로 된 높은 건물의 외벽을 올라간다. 카
메라맨은 바닥에 펼쳐진 건물의 평면 그림 위로 배우가 엎드려 기어
가는 것만으로도 경찰관이 건물을 오르는 효과를 얻어냈는데, 이러
한 과정에서 영화 기술은 매번 우리에게 새로운 트릭들을 가져다주
었다. 우리는 마술사가 알을 하나씩 깨면 알에서 차례로 작은 요정들
이 나오며, 요정들이 그의 손 위에서 미뉴엣에 맞추어 춤추기 시작하
는 것을 본다. 연극에서는 시도도 하지 못했던 경이로운 장면을 카메
라는 어려움 없이 해낼 수 있었다. 단지 카메라에서 더 멀리 위치시
킴으로써 댄서들을 아주 작은 크기로 나타낼 수 있다. 극무대에서는
그 어떤 동화적 연극이라도 어설프고 수고롭게 환상을 끌어내는 반
면, 영화에서는 남자가 야수로 변신하고 꽃이 여자로 변하는 모습을
실제로 볼 수 있는 풍요로운 예술적 효과를 확보했다. 전문가들이 고
안해내는 기술적인 이미지의 트릭은 한계가 없다. 다이버가 점프해
나오는 장면의 경우, 물 밖의 발판에 서 있는 발이 가장 나중에 보인
다. 마술처럼 보이지만 이것은 단순히 카메라맨이 자신의 필름을 마
지막 장면에서 시작하여 처음 행동의 장면으로 거꾸로 돌렸을 뿐이
다. 모든 꿈이 현실이 되고, 기괴한 유령들이 아무것도 없는 공간에
서 나타났다가 다시 사라지고, 인어가 파도를 헤엄치고, 작은 요정들
이 부활절의 장식용 백합 속에서 세상으로 나온다.

영화 장면을 촬영하는 카메라의 크랭크가 어느 순간에나 멈출 수 있고, 무대 위가 완전히 바뀐 뒤 언제라도 촬영이 재개될 수 있음에 따라, 관객들이 새로운 사건의 끼어듦을 알아차리지 못하는 가운데 어떤 요소라도 삽입할 수 있게 되었다. 한 남자가 가파른 바위의 가장자리를 걷는 장면을 볼 때, 우리는 그가 진짜 사람인지에 대해 전혀 의심하지 않는다. 그런데 갑자기 그가 미끄러지며 구덩이 밑으로 떨어진다. 이 장면에서 영화는 남자가 떨어지기 직전에 카메라를 멈추고 배우 대신 더미를 세운다는 사실과 카메라가 다시 돌아갈 때 배우가 아닌 더미가 떨어진다는 사실을 알려주지 않는다. 이때 항상 실제와 같은 크기의 더미만 사용되는 것이 아니다. 작은 더미일지라도 카메라를 가까이 대면 실제의 커다란 사물이 멀리 있는 것과 같은 효과를 줄 것이다. 우리는 먼저 실제의 매우 큰 함선을 보고, 또 진짜 사람이 함선 위로 기어오르는 장면을 보고, 그 배가 진짜 배라는 사실을 확신한다. 하지만 마지막에 함선이 난파되는 장면에서는 영화의 움직임은 멈추고 카메라가 잠시 물탱크 가까이 다가가 그곳에 띄운 미니어처 함선을 실제 함선 대신 찍는다. 바로 이 미니어처가 폭발하고 2피트 깊이의 물 무덤으로 가라앉는 것이다.

이렇듯 불가능한 일도 가능하게 만드는 힘으로 프레임 밖, 즉 영화의 무대 밖에서 일어나는 작업을 통해 영화극은 전례 없는 효과를 낼 수 있다. 영화극에서는 빠르게 혹은 흔치 않은 방법으로 실제의 바깥세상에서 일어날 법한 일을 보여준다. 완전히 새로운 이런 관점은 영화의 관련자들이 클로즈업, 또는 이와 비슷한 새로운 기법을 도입함에 따라 열리게 되었다. 영화를 좋아하는 모든 이들이 아는 것처럼 클로즈업은 한 장면의 특정한 부분, 예를 들면 주인공의 얼굴만, 혹은 손이나 손가락의 반지만 크게 확대하여 그 부분이 무대 전체를 잠깐 차지하는 방식이다. 수천 명이 전쟁터를 가득 채우는 엄청난 역사극과 같은 대규모 작품들이나 요정들이 무대로 나오는 환상적인 장면 전환도 무대 위에서 실현할 수 있지만, 이제 영화의 클로즈업을 통해 다른 연출 기법들은 뒤쪽으로 물러난다. 링컨 대통령의 암살범이 대통령을 암살하려고 하는 장면에서 우리는 [연극에서처럼] 부스라는 이름의 사람 자체를 보는 것이 아니라, 갑자기 화면을 가득 채운 권총과 권총을 쥐고 있는 긴장된 손가락만 본다. 우리는 책상 앞에서 전보를 뜯어보는 은행원을 보는 것이 아니라, 몇 초 동안 전보에 쓰여 있는 내용이 은행원의 자리를 대신 차지하고, 우리는 그의 어깨 너머로 전보의 내용을 읽는다.

영사기의 발명 후 영화예술의 발전이 가져온 변화를 열거할 필요는 없다. 자연스러운 배경의 사용, 장면의 빠른 전환, 각각 다른 장면에서 발생한 행동의 결합, 행동의 속도 변화, 물리적으로 불가능한 경험을 확보하는 것, 이어지지 않은 동작을 연결하는 것, 초자연적 효과를 자각하는 것, 작은 디테일을 거대하게 확대하는 것—이것만으로도 본질적인 경향의 특징을 설명하기에 충분하다. 이는 영화극의 발전이 단순히 연극 무대의 완벽한 재생산을 지향하는 것이 아니라, 오히려 연극 무대의 연출에서 벗어나고 있음을 알려준다. 물론 피상적인 인상은 정반대를 시사할 수도 있다. 영화적 재생이 연극 무대 위의 퍼포먼스를 훌륭하게 혹은 그렇지 않게 재생산하는 한, 미학적으로 주의깊게 보지 않는 관찰자들은 영화극을 진짜 연극의 값싼 대체물 정도로 생각할 수 있다. 하지만 이제 이 전통적인 사고는 완전히 틀렸다. 영화예술은 아주 다양하고 새로운 자신만의 특징을 발전시켜 왔다. 이 특징은 연극 무대 위의 기술과 아무런 비슷한 점도 없는바, 여기에서 다음과 같은 질문이 발생한다. 영화극은 이미 오래전에 무대공연의 영화적 재생산에서 벗어나지 않았는가? 또한 이제 자신만의 미학적 독립성을 인정받아야 하지 않은가? 이러한 독립성 인정의 권리는 지금까지 간과되어 왔다. 영화를 미학적 관점에서 평가해온 거의 모든 사람들이 아직도 예전과 같이 필름과 축음기를 비교하는 방식에 머물러 있었다. 영화가 단순히 무대 위 드라마가 보여주는 진정한 예술을 모방하는 어떤 것이라고 여긴 것이다. 하지만 반대로 영화가 다른 어떤 것의 모방이나 대체가 아니라, 무대와 완전히 다른 자신만의 예술이라고 볼 수는 없을까? 화가의 예술이 조각가의 예술과 다른 것처럼 말이다. 또 지금이야말로 이론과 실행을 통해 미학적 조건을 확인하고 새로운 예술에 독립성을 부여할 수 있는 좋은 시기가 아닐까? 이것이 실제로 가능하다면, 새로운 예술의 시작을 직접 관찰할 기회이기 때문에 매우 흥미로운 주제가 될 것이다. 새로운 예술의 고치가 열린다. 그렇다면 나비의 날개는 그를 어디로 데려갈 것인가?

우리는 이제 최소한 이 작은 책의 진정한 주제에 도달했다. 우리는 지금까지 미학적인 면에서 무시되어온 영화극의 권리, 즉 완전히 새로운 정신적 삶의 조건에 의해 자신만의 예술로 분류해주는 것에 관해 연구하고자 한다. 이 연구를 위해 명백하게 먼저 영화가 어떠한 방법으로 우리에게 감명을 주고 매력을 드러내는지 알아야 할 필요가 있다. 이것은 단순히 물리적 방법과 기술적 부분이 아니라 정신적인 측면의 방법을 말하는 것이다. 즉 우리가 스크린에서 일어나는 일을 볼 때, 어떠한 심리적 요소가 이용되는가에 대해서 말이다. 하지만 두번째로, 우리는 무엇이 예술의 독립성을 특징 짓는지, 그리고 특별한 예술을 만드는 조건들은 무엇으로 구성되어 있는지 질문을 던져보아야 한다. 첫번째 연구는 심리학적이고 두번째 연구는 미학적인데 이 둘은 서로 밀접한 관계에 있다. 따라서 우리는 먼저 영화의 심리적 관점을 살펴보고, 다음으로 예술적 관점을 살펴볼 것이다.

1부

# 영화극의 심리학

제3장 깊이와 운동

문제는 이제 우리 앞에 명확하다. 영화극은 우리에게 단지 연극의 무대공연에 대한 영화적 재생산만 제공하는 것일까? 이에 따라 영화극의 목표는 실제 연극의 극장을 훨씬 저렴한 비용으로 단순히 대체하고자 하는 것일까? 마치 거장의 원본 캔버스와 사진 복제품의 관계와 마찬가지로, 영화극의 미학적 위치도 진짜 극예술보다 훨씬 낮을 것인가? 아니면 영화는 우리에게 하나의 독립적인 예술을 가져다줄 것인가? 연극의 극장 방식과 근본적으로 다른 방식으로 정신적으로 작동하면서 작업하며, 고유한 영역과 자신만의 이상적인 목표를 가지고 움직이고, 자체의 미학적 법칙에 따라 통제되는 독립적인 예술 말이다. 지금까지 소홀히 취급한 이 문제가 이제 우리에게 관심이 있는 문제라면, 우리는 아마도 앞으로 다음에 관해서는 더 이야기할 필요가 없다. 예를 들면 영화에 관한 어떤 책이 지금까지 등장했는지에 대하여, 또 필름에 영상을 생성하거나 스크린에 영상을 투사하는 물리적 기술에 대하여, 혹은 영화극 산업의 기술적이고 물리적이고 경제적 측면에 속하는 모든 것에 대하여 말이다. 더욱이 정보와 교육에 대한 단순한 호기심이나 이보다 조금 더 높은 욕구에 도움이 되는 영화들을 다루는 것은 분명히 우리의 관심이 아니다. 그러한 교육적인 영상이 우리에게 기쁨을 줄 수는 있을 것이다. 멀리 떨어져 있는 나라의 경이로운 모습이 우리에게 펼쳐질 때 확실히 더 많은 미적 즐거움이 지적 만족과 결합할 수 있다. 관광 영화의 풍경 설계는 아름다움일 수 있지만, 그 영상은 예술의 목적을 위해 촬영한 것은 아니다. 그 목적은 지식의 확산에 이바지하는 것이다.

우리의 미학적 관심은 영화극이 관객의 정신에 영향을 미치는 수단으로 향한다. 만약 우리가 음악이 파워풀한 효과를 발휘하는 수단을 이해하고 설명하려고 한다면, 피아노와 바이올린의 악기 구조 설명이나 소리의 물리적 법칙 설명으로는 목표에 도달하지 못할 것이다. 우리는 심리학의 영역으로 나아가 음의 조화와 부조화, 화음과 불협화음, 음의 질과 음의 강도, 리듬과 구$^{phrases}$를 듣는 정신적 과정에 대해 질문하고, 이러한 요소들이 선율과 작곡 과정에서 어떻게 결합하는지를 추적해야 한다. 이런 식으로 우리는 우선 순수한 심리적인 관심을 가지고 영화극을 대하고, 영화에 관한 우리의 경험 안으로 진입하는 정신의 흥분 요소에 관하여 질문할 것이다. 우리는 이제 극장의 연극 공연과 관련된 생각을 완전히 잊을 수 있다. 연극 무대에서 논의를 시작해 단순한 영화적 대체물 안에 무엇이 더 있을까를 질문했던 방향은 멈추어도 된다는 뜻이다. 우리는 영화가 온전히 자신만의 자리에 서 있다고 보고 영화의 예술에 접근할 뿐, 연극배우들의 세계에 대한 기억은 모두 지워버린다. 우리는 영화라는 특정한 형태의 예술적 노력이 우리 안에 생성해내는 정신적 과정을 분석할 것이다.

먼저 시작해야 할 논의는, 영화극이 우리를 둘러싼 현실 세계의 조형물들과는 대조적으로 일련의 평면적 이미지로 구성된다는 점이다. 그러나 우리는 여기서 한 번 멈춰서 생각해볼 수 있다. 우리 정신

속에서 주변 환경은 입체적으로, 영상은 평면적으로 나타난다는 것
은 무엇을 뜻하는가? 이 차이의 심리학은 오해되기 쉽다. 물론 영화
가 상영되는 극장에 앉아 있을 때 우리는 평면 스크린을 마주하고 있
으며, 여기에서 보이는 대상은 좌우, 상하의 2차원뿐이라는 사실을
알고 있다. 우리를 향해 다가오는, 또는 우리에게서 멀어지는 거리와
깊이의 3차원은 여기에 포함되어 있지 않다. 화면은 그림처럼 평면
적이며 조각이나 건축 혹은 무대처럼 결코 조형적이지 않다. 그러나
이것은 지식으로 이해할 뿐 즉각적으로 발생한 인상으로 아는 것은
아니다. 우리는 화면에서 보는 장면이 평면적인 이미지로 보인다고
확언할 수 없다.

이미 잘 알려진 장치인 입체경을 떠올린다면 우리는 지식의 대
상과 인상의 대상 사이의 차이를 더욱 분명하게 인지할 수 있다. 이
전 세대의 응접실에서 인기 있었던 입체경은 두 개의 프리즘으로 구
성되어 있으며, 이를 통해 두 눈은 사진으로 된 풍경을 볼 수 있었다.
이때 두 사진의 관점은 동일하지 않다. 풍경은 오른쪽으로부터 한
번, 왼쪽으로부터 한 번, 두 가지 다른 관점으로 촬영한 것이다. 이 두
사진을 입체경에 넣으면 오른쪽 눈은 프리즘을 통해 오른쪽에서 찍
은 광경만 보고, 왼쪽 눈은 왼쪽에서 찍은 광경만 본다. 여기에서도
우리는 단지 두 개의 평면 이미지만 우리 앞에 있다는 것을 잘 알고
있지만, 실제로는 이를 강도 높게 입체적인 형태로 보지 않을 수 없
다. 두 가지 각각 다른 관점은 결합하여 풍경을 하나로 재현하는데,
이 안에서 거리를 두고 있는 물체가 전경에 있는 물체보다 훨씬 더 멀
리 떨어져 있는 것처럼 보인다. 우리는 즉시 사물의 깊이를 느낀다.
마치 조그마한 모형으로 만든 풍경을 보고 있는 것처럼 말이다. 객관
적인 지식이 있음에도 지금 마주하고 있는 견고한 형태의 평평한 이
미지를 평면으로 인식하지 않는다. 이는 그럴 수밖에 없는데, 왜냐하
면 실생활에서도 탁자 위의 꽃병을 볼 때 우리는 각각의 눈으로, 두

가지 다른 관점으로 지각함으로써 입체라는 인상을 만들어내기 때문이다. 오른쪽 눈이 책상 위의 물체를 보는 관점은 왼쪽 눈의 관점과 다르다. 우리가 사물을 입체적으로 보는 것은 두 가지 다른 시각의 결합에 의존하고 있으며, 우리가 각각의 눈에 하나의 방향 시각을 부여할 때마다 이들은 실질적인 사물의 인상이라는 결과로 결합한다. 따라서 입체경은 다음과 같은 점을 분명히 보여준다. 이미지의 평면적 특성에 대한 우리의 지식이, 깊이감을 느끼는 실제의 인지를 절대 차단하지 않는다는 것이다. 또한 스크린의 평면성에 대한 우리의 지식에도 불구하고 영화극의 동영상이 결국 실제 깊이에 대한 인상을 주는 것은 아닌가 하는 질문이 발생한다는 점이다.

입체경이 제공하는 것과 같은 완벽한 깊이감이 움직이는 영상이라는 아이디어에도 해당될 수 있다고 직관적으로 말할 수 있을 것이다. 그렇게 된다면 영화극은 실제 무대가 제공하는 것처럼 입체적 인상을 줄 것이다. 필요한 것은 다음과 같은 것이 전부다. 배우들이 이러한 장면을 연기할 때는 하나의 카메라가 아니라 이중 카메라로 촬영해야 한다는 것이다. 이중 카메라는 두 눈의 위치에 상응하여 서로 다른 두 시점으로 한 장면에 초점을 맞춘다. 그런 다음 두 개의 필름은 영상의 완전한 일치를 보장하는 이중 영사장치에 의해 동시에 화면에 영사되며, 언제나 왼쪽과 오른쪽 광경이 스크린 위에서 오버랩되도록 한다. 이것은 물론 혼란스럽고 흐릿한 이미지를 줄 수 있다. 그러나 왼쪽 시점을 투사하는 장치가 렌즈 앞에 녹색 유리를 붙이고 오른쪽 시점을 투영하는 장치가 빨간색 유리를 붙이고 있다면, 그리고 청중들이 왼쪽이 녹색이고 오른쪽이 빨간색인 안경을 가지고 있다면(빨간색과 녹색 젤라틴 종이로 되어 있는 판지 로니에트[1]는 동일한 기능을 제공하며 비용은 몇 센트에 불과하다), 왼쪽 눈은 왼쪽의 광경만, 오른쪽 눈은 오른쪽의 광경만 보게 된다. 우리는 녹색 유리를 통해 붉은 선들을 볼 수 없고 붉은 유리를 통해서는 녹색 선들을 볼 수 없다. 왼쪽 눈이 왼쪽 보기만, 오른쪽 눈이 오른쪽 보기만 실행하는 순간 화면에 나타나는 전체 혼돈의 선들이 정리되고, 우리는 화면 위 이미지의 방을 마치 실제와 같은 깊이감을 가지고 볼 수 있다. 무대 위의 견고한 방과 방의 뒷벽이 실제로 앞쪽 가구 뒤에 10피트 또는 20피트 떨어져 있는 것처럼 말이다. 이러한 효과는 매우 인상적이어서 누구나 이 조건에서는 깊이감을 느끼지 않을 수 없다.

    만약 통상적인 영화가 우리에게 완전한 조형적 인상을 제공하지 않는다면, 그것은 이미지에 대한 우리의 단순한 지식과 실제 나타나는 모습 사이에서 오는 일반적인 혼란 때문일 것이다. 우리가 실은 분명한 깊이의 인상을 얻는다는 것을 부정한다면 말이다. 영화에서 여러 명이 한 공간에서 움직이면 한 사람이 다른 사람의 뒤에서 움직인다는 느낌을 확연히 얻는다. 그들은 오른쪽과 왼쪽으로 움직이는 동시에 우리를 향해서 또 우리로부터 멀어지면서 움직인다. 우리는 실제로 의자나 방의 뒷벽이 전경에 있는 사람보다 더 멀리 떨어져 있다고 인식한다. 우리가 잠시 여기서 이를테면 실제 연극 무대의 깊이감을 인지하는 방법을 생각해본다면 이것은 크게 놀라운 일은 아니다: 우리가 실제 극장의 무대 바로 아래 있는 오케스트라석에 앉아 가구와 사람이 있는 방으로 설정된 무대를 보고 있다고 상상해보자. 이제 무대 위에 있는 다른 물체들을 서로 다른 거리에서, 일부는 가까이, 일부는 멀리서 보게 된다. 이러한 원인 중 하나는 앞에서 언급했다. 우리는 오른쪽과 왼쪽 눈으로, 서로 다른 시점으로 물체를 본다. 하지만 이제 한쪽 눈을 감고 오른쪽 눈으로만 무대를 바라봐도 조형적 효과는 사라지지 않는다. 한쪽 눈만으로도 깊이를 인지할 수 있는 심리적 원인은 본질적으로 겉보기의 크기, 원근감 관계, 그림자, 공간 안에서 수행되는 행동의 차이 등이다. 연극 무대 위 가구를 견고하고 실질적이라고 파악하는 데 도움이 되는 이러한 모든 요소는 이제 스크린 위에 투영되는 공간에서도 마찬가지의 역할을 한다.

　　우리는 우리 눈이 주변의 서로 다른 거리를 직접 파악할 수 있다고 상상하는 경향이 있다. 이제 무대 전체를 가리고 있는 커튼 대신 큰 유리판이 놓여 있다고 상상해보자. 우리는 유리를 통해 무대를 본다. 그것을 한 눈으로 본다면 무대의 모든 지점은 특정 부분에서 유리판을 통과하는 빛의 경로를 통해 우리 눈에 빛을 전달해야 한다는 것이 분명하다. 우리가 볼 때는 무대가 실제로 유리판 뒤에 있는지, 또는 판을 통과하는 듯한 모든 광선이 실제로는 판 자체에서 나오는 것인지는 별 차이가 없다. 빛과 어둠이라는 모든 음영을 가진 광선이 유리판의 표면에서 시작된다 해도, 이것이 한쪽 눈에 미치는 영향은 유리 뒤에 존재하는 실제의 다른 거리에서 시작된 것과 같다. 이것이 바로 영화 화면의 경우에 정확히 해당한다. 이미지가 잘 촬영되고 영사가 선명하며 적당한 거리에 앉아 있다면, 유리판을 통해 실제 공간을 보는 것과 같은 느낌을 받을 수 있다는 것이다.

　　따라서 누군가 화면이 가지는 시점의 평면성을 영화의 본질적인 특성으로 제시한다면, 그것은 영화극을 제대로 특성화하지 못한다. 평면성은 기술적 물리적 배열의 객관적인 부분이지만 우리가 실제로 영화극의 관람에서 볼 수 있는 특징은 아니다. 영화를 볼 때 우리는 3차원 세계의 한가운데에 있다. 그리하여 사람이나 동물의 움직임, 심지어는 냇가에 흐르는 물이나 바람에 흔들리는 나뭇잎과 같은 생명이 없는 것의 움직임마저도 우리에게 깊이에 대한 즉각적인 인상을 강하게 준다. 영화의 특징인 여러 이차적 성격도 도움이 될 수 있다. 예를 들어 잘 알려진 착시 현상에 의해 전경이 정지하고 배경이 움직이면 깊이감이 강화된다. 이러한 이유로 움직이지 않는 항구를 배경으로 그 앞을 지나가는 배는, 움직이는 배 자체에서 찍은 사진과 같은 정도의 입체감을 제공하지 않는다. 움직이는 배에서 촬영하면, 배가 정박하고 항구 자체가 지나가는 것처럼 보인다.

깊이의 효과는 부인할 수 없다. 깊이감은 몇몇 사람들에게 스크린의 가장 주요한 인상 효과로서 발휘되었다. 전경에 있는 배우의 입체성에 매료된 시인 바첼 린지Vachel Lindsay는 개인 액션이 많은 영화극을 일종의 움직이는 조각품으로 해석한 바 있다. 그는 다음과 같이 말한다. "구식의 발화 무대[2] 위에서, 그리 멀리 서 있지 않은 사람들[3]은 이와 같은 방식의 조형적 감각에 호소하지 않는다. 비교하자면 그들은 달콤한 목소리를 가진 단순한 판자 조각들일 뿐이다. 그에 반해 영화극의 전면은 말 없는 거인들[4]로 가득차 있다. 이 거인들의 신체는 고부조[5]로 새겨진 조각품과 같다." 몇몇 이들은 스크린에서 전경의 인물이 방의 내부가 아니라 먼 풍경을 배경으로 서 있을 때 입체의 느낌이 더욱 강하게 엄습한다고 지적했다. 이것은 심리적으로도 전혀 놀랍지 않다. 만일 스크린이 실제의 방이라고 상상해보자. 이때 방 안의 세세한 광경은 양쪽 눈에 각각 다르게 보인다. 그러나 스크린의 방에서 보면 두 눈이 동일한 인상을 받으며, 결과적으로 깊이에 대한 의식이 저해된다. 아주 멀리 위치한 풍경이 유일한 배경이라면, 이미지로부터 받는 인상은 실제 풍경으로부터 받는 인상과 동일하다. 얼굴부터 대상까지 거리가 양쪽 눈동자의 미세한 위치 차이와 비교해 훨씬 더 큰 차이를 일으키기 때문에, 몇백 피트나 떨어져 있는 나무들과 산의 정경은 양쪽 눈에 실제와 동일한 인상을 주는 것이다. 그리하여 우리는 실제 현실에서 산을 바라보듯이 스크린 위의 산을 응시한다. 이처럼 스크린이 육안에 보이는 그대로의 이미지를 전달하면, 멀리 보이는 경관에 대한 주관적인 해석이 자유롭게 수행되고, 우리는 마침내 전경에 위치한 인물과 멀리 있는 풍경을 실제로 마주하고 있다고 믿게 된다.

그럼에도 우리는 결코 속지 않는다. 우리가 깊이를 전적으로 의식한다 해도, 이를 실제 깊이로 받아들이지는 않는다. 해결해야 할 과제들이 너무나 많다. 지금까지 기술이 부족하다는 것이 큰 약점이다. 카메라 이미지는 어떻게 보면 거리를 너무 과장한다. 일례로 우리가 열려 있는 문을 통해 하나 혹은 두어 개의 다른 방들을 들여다볼 때, 방들은 마치 먼 복도인 것처럼 느껴진다. 더욱이 영화극을 관람할 때 이상적인 시각 조건은 오로지 특정 거리만큼 떨어져 있는 지점에서만 가능하다. 우리는 카메라가 물체를 촬영했을 당시와 동일한 각도로 이미지 속의 물체를 볼 수 있는 자리에 앉아야만 하는 것이다. 너무 가까이 내지는 너무 멀리, 혹은 한 방향으로 치우치면, 카메라가 의도한 시점과는 전적으로 다른 시점에서 입체적 장면을 인지하게 된다. 이렇게 되면 부동의 이미지에서는 그리 혼란스럽지 않을지 몰라도 움직이는 이미지에서는 틀림없이 움직임이 왜곡되었다고 느낀다. 나아가 크기, 프레임, 전체적인 구도는 인지된 공간이 비현실적이라는 느낌을 더욱 강력하게 만들어낸다. 그러나 여전히 요점은 관람객이 한 눈이 아니라 두 눈으로 이미지를 응시하고 있다는 사실, 즉 두 눈이 같은 인상을 받기 때문에 이미지의 평면성이 지속해서 상기된다는 사실이다. 우리는 이와 관련하여 다음과 같은 주장을 덧붙일 수 있다. 스크린은 지각의 대상으로서 눈의 적응과 개별적인 정위 localization[6] 과정이 있어야 한다. 우리는 거울을 들여다볼 때조차 이와 같은 지각의 충돌에 빠져든다. 벽에 걸려 있는 큰 거울에서 3피트 정도 떨어져 서 있다고 하자. 이때 우리는 거울의 표면 위에서 눈과 3피트 정도 떨어져 있는 자신의 거울상을 보는 동시에, 거울의 유리면 뒤로 눈과 6피트가량 떨어져 있는 거울상을 본다. 이와 같은 정위 과정은 우리 정신을 사로잡으면서 독특한 방식으로 간섭을 생산한다. 우리 모두는 이를 무시하는 것을 배웠지만, 특정 환상들은 사라지지 않고 이중의 현실을 암시하고 있다.

　　스크린 위 이미지의 경우에는 이러한 지각의 충돌이 더욱 강하게 발생한다. 우리는 분명히 깊이를 보지만, 아직은 받아들이지 못한다. 너무나 많은 것들이 깊이에 대한 믿음을, 우리 앞의 인물과 풍경이 입체적이라는 해석을 방해하기 때문이다. 스크린의 인물과 풍경은 확실히 단순한 이미지가 아니다. 인물은 우리를 향해 다가오거나 우리한테서 멀어질 수 있으며, 강은 저 먼 계곡으로 흘러갈 수도 있다. 그러나 영화극에서 거리는 예컨대 연극 무대와 같은 실제 물리적인 공간의 거리와 같지 않으며, 인물은 살과 피로 이루어져 있지 않다. 이 모든 것은 특수한 내적 경험으로, 영화극에 대한 지각이 갖는 특성이다. 영화극을 통해 우리는 특수한 실제적 차원의 현실을 갖게 된다. 이 현실은 실제적인 깊이와 충만함이 부재한, 잠깐 스쳐 지나가는 표면에 대한 제안을 유지한다. 이것은 단순한 실제 무대의 퍼포먼스로부터 오는 단순한 이미지와는 또다른 것이다. 영화극의 현실은 우리의 정신을 특수한 복합적 상태로 이끈다. 우리는 이러한 상태가 영화극의 정신적 구성에 있어 매우 중요한 기능을 한다는 사실을 곧 보게 될 것이다.

영화 이미지에서 깊이의 문제는 종종 간과되지만, 움직임의 문제는 그 자체만으로 모든 관람객에게 대단한 영향력을 행사한다. 이러한 까닭에 움직임은 마치 영화 퍼포먼스의 본질적인 속성으로 이해되고, 이미지의 움직임에 대한 규명이 심리학자들의 주된 연구과제인 것처럼 여겨진다. 그러나 우리는 촬영감독의 필름이 고정해놓은 그 어떤 이미지도 사실은 움직이지 않는다는 사실을 알고 있다. 게다가 필름의 긴 스트립이 빠르게 지나가는 것을 우리가 보지 못한다는 사실도 알고 있다. 필름이 한쪽 롤로부터 다른 쪽 롤로 감기고 있다는 걸 알지만, 이미지로부터 이미지로 이어지는 이와 같은 움직임은 눈으로는 볼 수 없다. 이것은 필드가 어두워지는 동안 계속된다. 우리의 눈에 객관적으로 도달하는 것은 잇따른 부동의 이미지들이지만, 필름의 전진에 따른 이미지의 교체는 우리의 눈에 전혀 포착되지 못한다. 그런데도 우리는 왜 연속하는 움직임을 보게 되는가? 이 문제가 키네토스코프로부터 비로소 시작된 것은 아니다. 일찍이

페나키스토스코프, 주트로프와 바이오스코프의 마술 실린더, 그리고 스트로보스코프 디스크와 함께 즐거운 시간을 보냈던 이전 세대 사람들도 이 문제에 관심이 있었다. 주트로프를 회전시키는 아이는 드럼통에 있는 검은색 덮개의 슬릿 사이를 들여다보았고, 모든 슬릿을 통해 특정 위치에 있는 한 마리 개의 그림을 보았다. 그러나 24개의 슬릿들이 눈앞을 스쳐 지나간 순간, 24가지의 다른 자세들은 푸들의 연속적 점프 동작으로 결합되었다.

　　그렇지만 스트로보스코프 효과라고 불리는 이것은 흥미롭기는 해도 별달리 어려운 문제를 제기하지 않았다. 주트로프의 친구들은 '타우마트로프Thaumatrope'라는 다른 작은 놀이기구도 알고 있었다. 1827년 파리스John Ayrton Paris 박사가 개발한 이것은 두 장의 사진을 보여준다. 하나는 카드의 앞면에, 다른 하나는 뒷면에 있다. 카드가 회전축을 중심으로 빠르게 회전하는 즉시 이 두 이미지는 하나로 합쳐진다. 한쪽 면에 말, 반대 면에 기수가 그려져 있다면 이들이 합쳐져 말을 타고 있는 기수가 보였고, 한쪽 면에 새장, 반대 면에 새가 그려져 있으면, 새장 안에 있는 새 한 마리가 보였다. 다르게는 나오지 않았다. 이것은 단순한 양의 잔상효과positive afterimage [7]의 결과다. 어둠 속에서 빛나는 향 막대기로 원을 그리면, 하나의 점이 이곳에서 저곳으로 이동하는 것이 아니라 원 모양으로 끊이지 않게 이어지는 하나의 선이 보인다. 이 원은 어느 부분도 깨지지 않는다. 빛을 내는 점이 아주 빠르게 움직인다면, 이 점이 원을 따라 돌다가 원래의 지점에 되돌아올 때까지 첫번째 위치에 있는 빛의 잔상이 여전히 우리 눈에 효과를 발휘하고 있기 때문이다.

　　우리는 이러한 현상을 양의 잔상효과라고 부른다. 이후의 효과가 본래의 자극과는 반대로 나타나는 이른바 음의 잔상negative afterimage [8]과는 대조적으로, 처음에 받은 인상이 실제로 계속되기 때문이다. 음의 잔상효과의 경우, 밝다는 인상은 어두운 반점을 남기고 어둡다는 인상은 밝은 잔상을 남긴다. 흑은 백이 되고 백은 흑이 된다. 색의 세계에서 빨강은 초록 잔상, 초록은 빨간 잔상을 남기고, 노랑은 파랑 잔상, 파랑은 노란 잔상을 남긴다. 진홍색으로 가라앉는 태양을 보고 나서 하얀 벽을 쳐다보면, 붉은색 밝은 점이 아닌 녹색의 어두운 반점이 보인다. 이와 같은 음의 잔상효과와 비교할 때 양의 잔상효과는 짧으며, 다소 강렬한 조명과 함께할 때 발생하고, 또한 알아볼 수 있을 정도의 시간 동안만 지속된다. 그렇다고 하더라도 양의 잔상은 스트로보스코프 디스크와 주트로프의 두 슬릿 사이의 간격을 잇기에는 충분하다. 이 간격은 검은 종이가 눈을 스쳐 지나가고 새로운 자극이 아직 신경에 도달하지 않는 시간이다. 움직임의 출현에 대한 일반적인 설명은 다음과 같다. 특정 자세를 취하고 점프하는 동물이나 행진하는 남자의 이미지는 그 동물이나 남자가 약간 다른 자세를 취한 이미지가 시야에 들어올 때까지 잔상을 남기며, 이 잔상은 세번째 이미지가 나타날 때까지 지속된다. 이러한 잔상에는 어떠한 중단도 눈에 뜨이지 않는데, 움직임 자체는 하나의 자세로부터 다른 자세로 이동한 결과로 나타난다. 그렇다면 움직임을 지각한다는 것은 서로 다른 자세의 이미지들이 연결된 긴 연속을 보는 것이 아니면 무엇이란 말인가? 주트로프를 통해서 보는 것이 아닌, 실제 거리에서 실제로 빠르게 걸어가고 있는 말의 움직임을 볼 때도, 우리는 말의 몸 전체가 매번 새로운 진행 자세 속에 있고 다리가 모든 동작의 단계 속에 있음을 본다. 이 계속되는 연속은 움직임에 대한 우리의 지각 자체라고 할 수 있다.

　이것은 아주 간단해 보인다. 그러나 이 설명이 너무나도 단순하다는 사실, 적어도 실제 경험을 정당화해주지 못한다는 사실이 서서히 밝혀지기 시작했다. 현대 실험심리학의 진보와 아울러 실험적 연구들은 종종 움직임에 대한 우리의 지각을 분석하는 것으로 바뀌었

다. 지난 30년 동안 수많은 연구, 특히 스트리커Stricker, 엑스너Exner, 홀
Hall, 제임스James, 피셔Fischer, 슈테른Stern, 마르베Marbe, 린케Lincke, 베르
트하이머Wertheimer, 코르테Korte가 세심하게 고안한 실험들이 이 문제
를 새롭게 조명했다. 이들 중 하나의 결과는 다음과 같은 새로운 관
점의 전면에 빠르게 등장했다. 움직임에 대한 지각은 단순히 다른 자
세로 있는 일련의 이미지들을 보는 것으로 축소할 수 없는 독립적인
경험이다. 이러한 일련의 시각적 인상에는 의식consciousness이라는 특
징적인 내용이 더해져야 한다. 움직임이 연속되는 단계라는 단순한
생각은 움직임에 대한 본래의 사유와 일치하지 않는다. 이것은 우선
움직임에 대한 다양한 환상으로 제시된다. 시각적 인상의 실제적인
변화가 발생하지 않았음에도 우리는 움직임을 감지했다고 믿을 수
있다. 이것은 분명히 시각적 인상을 단순히 잘못 해석한 결과일 수
있다. 예를 들어 역에 서 있는 기차 안에서 창밖을 내다보고 기차가
갑자기 움직이기 시작했다고 믿지만, 실제로는 옆 레일의 기차가 움
직이기 시작한 것이다. 움직이지 않는 구름 사이로 빠르게 움직이는
듯 보이는 달을 볼 때도 마찬가지다. 우리는 스스로 고정한 것을 움
직이지 않는 것으로 간주하고, 시각적 장에서 일어난 상대적 변화를
자신이 고정하지 않은 부분의 움직임으로 해석하는 경향이 있다.

그러나 대조와 잔상효과에 의해 우리의 지각에 움직임으로 강
요된 환상에 이르러서는 상황이 달라진다. 우리가 다리 위에서 흐르
는 물을 바라보다가 다시 육지로 시선을 돌린다면, 움직임이 없는 강
둑이 반대편 방향으로 흘러가는 것으로 보인다. 이런 경우에 눈의 움
직임이 대조적이라고 언급하는 것만으로는 충분하지 않다. 실험을
통해 시야에서 이러한 움직임과 반대 움직임이 동시에 반대편 방향
으로 진행될 수 있다는 것을 쉽게 볼 수 있다. 그렇지만 물론 실제 위
아래 또는 오른쪽과 왼쪽으로 눈이 동시에 움직일 수는 없다. 하얀
원반 위 검은 나선형 선을 사용하여 매우 특징적인 실험을 수행해보

자. 만약 우리가 가운데를 중심으로 원반을 천천히 회전시키면 그 위의 나선형 선은 동심원을 이루는 곡선이 계속 확대되는 인상을 준다. 선은 중앙에서 시작하여 가장자리에서 사라질 때까지 확장된다. 이 확장되는 곡선의 유희를 1~2분 동안 본 다음 옆 사람의 얼굴로 눈을 돌리면 그의 얼굴 특징이 어떻게 축소되기 시작하는지 즉시 알게 된다. 얼굴 전체가 중심을 향해 탄력적으로 당겨지는 듯 보이는 것이다. 만약 우리가 원반을 반대 방향으로 회전시킨다면, 곡선은 원반의 가장자리에서 중심으로 갈수록 점점 더 작아지는 것처럼 보인다. 그리고 다시 옆 사람의 얼굴을 바라본다면, 이번에 그의 얼굴은 점점 커져 보일 것이고, 얼굴의 모든 지점이 코에서 턱으로, 그리고 이마 또는 귀로 움직이는 것을 볼 수 있다. 이러한 잔상효과를 보는 우리의 눈이 실제로는 얼굴의 중심에서 양쪽 귀, 머리와 턱으로 동시에 움직일 수는 없다. 따라서 그 움직임의 인상을 위해서는 움직임의 실제 수행 형태가 아닌 다른 조건이 있어야 하며, 무엇보다도 움직임을 본다는 것은 연속적인 자세를 실제로 보는 것과 완전히 독립적일 수 있는 특수한 경험임이 이러한 실험으로 분명해진다. 실제 눈 자체는 보통 얼굴의 인상이라는 정보를 수신하고 있지만, 전자의 경우 얼굴이 위축되고 후자의 경우 얼굴이 커지는 것을 우리는 본다. 전자는 모든 점이 중심을 향해 이동하고, 후자는 중심에서 멀어진다. 여기에서 움직임의 경험은 분명히 관객의 정신 속에서 생성되며 외부의 자극 때문은 아니다.

우리는 이와 다른 실험에서도 같은 결과에 접근할 수 있다. 한 지점에서 빛이 번쩍인 다음 매우 짧은 시간, 예를 들면 약 1/20초 후에 다른 지점에서 섬광이 나타나면 두 빛은 우리에게 동시에 나타난다. 첫번째 빛은 두번째 빛이 깜박일 때 여전히 완전히 보이며, 우리는 두번째 빛이 첫번째 빛보다 늦다는 사실을 인지할 수 없다. 이제 같은 짧은 간격을 두고 첫번째 빛이 두번째 점을 향해 움직인다면,

우리는 전체 과정을 정지된 빛의 선으로 볼 것이라고 예상해야 한다. 왜냐하면 시작점에서 1/20초 이내에 끝점에 도달할 때 시작점과 끝점이 동시에 나타나기 때문이다. 그러나 실험은 정반대의 결과를 보여준다. 예상되는 빛의 선 대신 이 경우에는 한 지점에서 다른 지점으로의 실제 움직임을 볼 수 있다. 다시 한번 우리는 움직임이란 단순히 연속적인 자세를 보는 것 이상이라는 결론을 내려야 한다. 이 경우 개개의 자세가 연속적이 아니라 동시적으로 나타나는 동안 우리는 움직임을 본다.

움직임에 대한 또다른 흥미로운 현상들의 유형은, 움직임이 수행되는 전체 영역에 대한 인상보다 움직이고 있는 물체 자체를 더 쉽게 인지하는 경우에 형성될 수 있을 것이다. 우리는 시야의 어떤 영역을 간과할 수 있으며, 특히 그것이 주시하고 있는 지점에서 한쪽 옆으로 멀리 떨어져 있을 때 그렇다. 그렇지만 그 영역에서 무언가 움직이자마자 우리의 주의력은 그곳을 향한다. 우리는 움직임이 실행되는 전체 배경보다 움직임 자체를 더 빨리 알아차린다. 멀리서 손수건을 펄럭이거나 신호용 깃발을 흔들 때 이러한 특징이 나타난다. 이는 모두 움직임이 우리에게 단순히 대상을 한 곳에서 먼저 본 다음 다른 곳에서 보는 것과 다른 일임을 알려준다. 우리는 다른 감각에서도 유사성을 쉽게 찾을 수 있다. 이마나 손등을 컴퍼스의 뭉툭한 두 끝으로 건드릴 때, 두 지점이 서로 약 3분의 1인치 정도 떨어져 있으면 우리는 두 지점을 둘로 구별하지 않고 한 점의 인상으로 인지한다. 우리는 한 압력점을 다른 압력점과 구별할 수 없다. 그러나 우리가 연필의 끝을 한 점에서 다른 점으로 이리저리 움직인다면, 그것이 식별할 수 없는 두 끝점 사이의 움직임이라는 사실에도 불구하고 그 움직임을 분명히 인지할 수 있다. 시각, 청각, 촉각 감각의 모든 영역에서 실험자가 움직임이 어느 방향에서 발생했는지 말할 수 없는 상태에서 그 이전에 이미 움직임을 인지한 경험이 있다는 점은 매우 특징적이다.

우리가 단지 우리 상상이 주는 것만 본다고 믿는 생각은 잘 알려져 있다. 인쇄된 낯선 단어가 1/20초 동안 눈에 노출되면 우리는 이를 비슷한 글자의 친숙한 단어로 쉽게 대체해버린다. 그래서 인쇄를 위한 교정쇄를 읽는 일은 어렵다. 우리는 오자를 간과한다. 즉 실제로 우리 시야에 있는 잘못된 문자를 우리의 기대에 부응하는 가상의 올바른 문자로 대체한다. 잘 구성된 암시가 우리 정신에 영향을 미치면, 시작점과 끝점만 주어졌을 때도 움직임의 연상 이미지를 우리의 상상으로 가공하는 경험에 우리는 익숙하지 않은가? 무대 위 요술쟁이는 무대 한쪽에 서서 반대편에 있는 거울에 값비싼 시계를 던진다. 관객은 그의 암시적인 손놀림과 함께 시계가 사라지는 것과 20피트 떨어져 있는 거울이 부서지는 것을 본다. 영향을 받기 쉬운 관중은 무대를 가로질러 날아가는 시계를 봤다고 믿지 않을 수 없다.

베르트하이머와 코르테의 최근 실험은 이보다 더 미묘한 세부사항으로 향하고 있다. 두 실험자는 어두운 땅 위에 있는 두 개의 빛나는 선이 빠르게 연속해서 노출되고, 이들 선의 위치, 거리, 빛의 강도, 각각의 노출시간, 첫번째와 두번째 나타남 사이의 시간을 다르게 설정할 수 있는 섬세한 도구로 작업했다. 그들은 이 모든 요소를 연구했을 뿐 아니라 서로 다른 방향으로 향하는 주의력의 영향력 및 암시적인 태도의 영향력을 연구했다. 수직선 바로 다음에 수평선이 오는 경우 두 선이 함께 있으면 하나의 직각이라는 인상을 줄 수 있었다. 수직선과 수평선이 나타나는 사이의 시간이 길면 하나가 먼저 보이고 그다음에 다른 하나가 보인다. 그러나 시간 간격이 특정 길이가 되면 새로운 효과에 도달한다. 우리는 수직선이 넘어져서 수평선처럼 평평하게 놓이는 것을 본다. 시선이 각의 한가운데 있는 지점에 고정되면 움직임 현상이 멈출 것이라고 예상했지만, 결과는 그 반대였다. 수직에서 수평으로의 명백한 이동은 우리의 시선을 고정해놓은 지점을 통과해야 하며, 우리는 두 위치 사이에 아무것도 없고 이동의 중간 단계가 부족하다는 점을 분명히 인식해야 할 것으로 보인다. 그럼에도 실험에 따르면 이러한 상황에서 우리는 자주 움직임의 강한 인상을 받는다. 하나가 다른 하나 위에 있는 두 개의 수평선을 사용하고 적절한 시간 간격을 선택하면 위쪽 수평선이 아래쪽으로 이동하는 것을 볼 수 있다. 여기에서 매우 흥미로운 변형을 소개할 수 있겠다. 뚜렷하게 위쪽 선 다음에 나타나는 아래쪽 선을 더 강렬하게 만들면 전체적인 인상은 아래쪽에서 시작하는 움직임이 된다. 우선 아래쪽 선이 위쪽 선을 향해 이동하는 것을 볼 수 있으며, 그런 다음 둘 다 낮은 위치로 떨어지는 것처럼 보이는 두번째 단계가 따른다. 겉으로 보이는 움직임이 결코 잔상의 단순한 결과가 아니고 움직임의 인상은 연속적인 단계에 대한 단순한 인지 이상이라는 것을 입증하기 위해 더 자세히 설명할 필요는 없다. 이 경우 움직임은 객관적인 외부에서는 볼 수 없지만, 정신의 작용을 통해 원래는 움직이지 않는 이미지에 부여된 것이다.

　우리는 이제 결론에 도달한다. 그렇다면 실제 무대 위에서 움직임을 보는 것과 영화극에서 움직임을 보는 것의 차이는 무엇인가? 배우들이 움직이는 무대 위에서 눈은 계속되는 연속을 수신한다. 각각의 자세는 어떠한 간섭 없이 다음 자세로 이어진다. 관중은 외부로부터 모든 것을 수신하며, 그가 보는 모든 움직임은 그의 눈 속 공간의 세계에서 진행된다. 그러나 만약 청중이 영화의 세계를 마주하고 있다면, 그가 보는 움직임은 진짜 움직임처럼 보일지라도 실제로는 그의 정신이 창조한 것이다. 연속하는 사진의 잔상이미지는 지속적인 외부 자극의 대체물을 생산하기에 충분하지 않다. 필수적인 조건은 오히려 연결된 행동이라는 개념으로 개별 단계를 통합하는 내부의 정신 활동이다. 그러므로 우리가 깊이감에 대한 인지를 분석했을 때와 정확하게 일치하는 결과를 만나게 된다. 우리는 이미지에서 진짜 같은 깊이를 볼 수 있으나, 그것이 사실은 입체가 아니며 그 안의 사람들은 실제로는 조형적이 아니라는 것을 매 순간 인식한다. 깊이에 대한 진정한 인식을 위한 필수 조건이 부족하므로, 그것은 깊이에 대한 암시이자 우리 자신의 활동으로 생성된 깊이일 뿐 실제로는 보이지 않는다. 이제 우리는 움직임 역시 감지되지만, 한편으로는 눈이 진정한 움직임의 인상을 받지 않는다는 점을 알게 되었다. 그것은 움직임에 대한 암시일 뿐이며, 움직임에 관한 생각은 상당 부분 우리 스스로 만들어낸 반응의 산물이다. 깊이감과 움직임은 모두 움직이는 영상의 세계를 통해 우리에게 다가온다. 견고한 사실이 아니라 사실과 상징의 혼합으로서 말이다. 그들은 존재하지만 사물 안에 있지 않다. 우리는 그들에게 인상을 투사한다. 연극 무대는 주관적인 도움 없이도 깊이감과 움직임을 모두 지닌다. 반면 스크린에도 이것이 있지만 실제로는 없다. 우리는 멀리 있고 움직이는 것을 보지만 우리가 받아들이는 것보다 더 많은 것을 생산한다. 정신적 메커니즘을 통해 우리는 깊이와 연속성을 스스로 만들어내는 것이다.

# 제4장 주의집중

남자배우와 여자배우, 그리고 배경에 대한 단순한 지각은 깊이감과 움직임이 있을지라도 오직 재료만을 제공한다. 우리의 관심을 붙드는 장면은 분명 단순히 움직인다는 인상이나 멀리 떨어진 물체보다 훨씬 많은 것을 포함하고 있다. 우리는 이러한 광경에 풍부한 생각을 동반해야 한다. 장면들은 우리에게 의미가 있어야 하고, 우리 상상력으로 다채로워져야 하며, 이전 경험의 조각들을 일깨워야만 하고, 우리의 마음과 감정을 자극해야 하며, 타인의 암시를 받아들이는 측면을 이용할 수 있어야 한다. 또한 장면들은 이에 대한 생각을 발생시키고, 우리 마음속에서 극의 연속적인 사슬과 연결되어야 한다. 중요하고 필수적인 행동 요소를 향해 끊임없이 우리의 주의를 끌어야 하며, 이런 풍부한 내적 과정이 인상의 세계와 만나야 한다. 심리학적 분석은 깊이감과 움직임에 대한 인식을 고려할 때에야 시작할 수 있다. 만약 우리가 중국어를 모를 때 이를 듣는다면, 소리는 인지할 것이나 그 어떤 내적 반응도 없을 것이다. 그것은 의미가 없고 우리에게 죽은 것이나 다름없다. 우리는 그 말에 아무런 관심도 두지 않는

다. 만약 같은 내용이 모국어로 표현된 것을 듣는다면, 모든 음절이 의미와 메시지를 전할 것이다. 그때 우리는 익숙한 언어에는 있지만 외국어에는 부재한 이 추가적인 의미성이 우리에게 지각 그 자체로서 오는 어떤 것이라고 상상하는 경향이 있다. 마치 그 의미가 우리 귀를 통과해서 지나치는 것처럼 말이다. 그러나 심리학적으로 그 의미는 우리의 것이다. 언어를 배울 때 우리는 자신의 연상과 반응을 우리가 인지하는 소리에 덧붙이도록 배운다. 이는 시각적인 인식에서도 다르지 않다. 결정적인 것은 외부에서 오지 않는다.

우리를 둘러싼 세계의 의미를 만들어내는 내부적인 기능 중에서도 주의집중이 가장 중심적이다. 주변 인상이 혼란스럽게 놓여 있을 때, 우리는 중요하고 의미가 있는 인상을 선택함으로써 이들을 실제적인 경험의 우주로 조직한다. 이는 삶과 무대 양쪽에 모두 해당한다. 우리 앞의 공간에 흩어져 있는 인상을 하나로 묶기를 원한다면, 우리의 주의력은 지금 여기 혹은 지금 저기에 기울여져야 한다. 모든 것은 주의집중과 주의집중이 아닌 것으로 나뉘어 존재한다. 주의집중에 의해 초점이 맞춰진 것이 무엇이든, 그것은 강조되고 사건의 과정에서 의미를 발산한다. 실생활에서 우리는 자발적인 주의집중과 비자발적인 주의집중을 구별한다. 주의를 집중하고 싶은 것에 대해서 마음속 생각으로 인상들에 접근한다면, 우리는 이를 자발적이라고 부른다. 우리는 대상의 관찰에 개인적인 관심, 즉 우리 자신의 생각을 투사한다. 우리의 주의력은 그 목표를 사전에 선택하고, 이 특정한 관심을 충족시키지 못하는 모든 것은 무시한다. 모든 일은 이러한 자발적인 주의집중에 의해 통제된다. 우리는 마음속에 도달하고자 하는 목표에 대한 생각을 미리 갖고 있고, 우리가 만나는 모든 것을 이 선택적 에너지에 종속시킨다. 자발적인 주의집중을 통해 우리는 무언가를 찾고, 우리가 찾는 것을 가져다주어야만 주변 환경의 제공물을 받아들인다.

비자발적인 주의집중은 이와 다르다. 이 경우 우리를 이끄는 영향력은 외부에서 작용한다. 주의집중을 모으는 단서는 지각하는 사건들 속에 놓여 있다. 시끄럽고 빛나고 특이한 것이 우리의 비자발적인 주의집중을 일으킨다. 폭발이 일어나는 장소가 주의를 끌 수밖에 없고, 번쩍 빛나는 전기 신호를 읽을 수밖에 없다. 확실히 비자발적 주의집중을 강요하는 지각은 우리 자신의 반응으로 동력을 얻는다. 우리의 타고난 본성에 호소하는 모든 것들, 희망이나 두려움, 열광, 분노를 자극하는 것, 혹은 다른 강렬한 감정적인 흥분을 불러일으키는 모든 것이 우리의 주의를 제어할 것이다. 그러나 감정적 반응을 통한 이러한 회로에도 불구하고 시작점은 외부에 있으므로, 이러한 주의집중은 비자발적인 유형이다. 일상 활동에서 자발적 주의집중과 비자발적 주의집중은 언제나 얽혀 있다. 우리의 삶은 자발적 관심의 의도와 비자발적 주의집중을 강요하는 주변 세상의 의도 사이의 위대한 타협이라 할 수 있다.

이러한 관점에서 연극의 공연은 삶과 어떻게 다른가? 자발적 주의집중은 예술의 영역에서 제거되고 관객은 예술작품 그 자체가 던지는 모든 신호를 받아들이기 때문에, 우리는 비자발적 활동을 수용하는 주의집중의 지휘를 따른다고 말할 수 있지 않을까? 사실 우리는 자발적인 의도를 가지고도 연극 공연에 접근할 수 있다. 예를 들어 우리는 특정 배우에게 관심이 있을 수 있다. 그래서 그의 역할이 중요하지 않고 다른 배우에게 예술적 관심을 기울여야 하는 장면에서조차 그가 무대에 있기만 하면 항상 오페라글라스로 그를 볼 수 있다. 그러나 이런 자발적인 선택은 극 공연과 아무 관련이 없다. 이런 행동을 한다면 우리는 예술적인 연극이 우리의 흥미를 붙잡기 위해 걸고 있는 주술을 깨고 만다. 우리는 극의 진정한 강약을 무시하고, 단지 개인적인 관심 때문에 그러지 말아야 할 곳을 강조하기도 할 것이다. 이와는 달리 만약 우리가 진정으로 극의 영혼으로 들어간다면, 우리의 주의력은 제작자의 의도에 맞추어 꾸준히 이끌린다.

확실히 연극을 공연하는 극장에는 모든 중요한 순간에서 이런 비자발적인 주의집중을 끌 만한 수단이 있다. 우선 말을 하는 배우는 그 순간에 말하지 않고 있는 배우보다 더 강하게 주의집중을 유도한다. 대사의 내용에 따라 우리의 관심은 무대 위 다른 사람에게도 향할 수 있다. 우리는 그 대사가 비난하거나 배신하거나 기뻐하게 만드는 사람을 보게 된다. 그러나 단순히 말이 만들어내는 관심만으로는 공연중에 꾸준히 전환하는 우리의 비자발적인 주의집중을 설명할 수 없다. 여기에서 배우들의 움직임이 중요하다. 팬터마임과 같이 대사 없는 무언극은 드라마를 대신하면서도 압도적인 힘으로 우리에게 호소할 수 있다. 무대의 전면으로 나오는 배우는 동시에 우리 의식의 전면에 있다. 다른 이들이 조용히 서 있을 때 팔을 들어올리는 배우는 우리의 주의집중을 가져간다. 무엇보다 모든 몸짓, 이목구비의 모든 표현이 다양한 인상에 질서와 리듬을 가져오고, 우리는 그것들을 내면을 향해 조직화한다. 다시 말하자면, 빠르고 특이한, 반복되거나 기대하지 못했던 혹은 강한 외부 효과를 가져오는 행위들이 우리의 마음속으로 강제적으로 침투하고 정신적인 평형상태에 불균형을 초래할 것이다.

여기에서 문제가 제기된다. 그렇다면 영화극은 필요한 주의집중의 전환을 어떻게 확보하는가? 여기에서 역시 비자발적인 주의집중만 기대될 수 있다. 극의 요구를 수용하지 않고 그 대신 미리 계획된 생각에 따라 탐색에 착수하는 주의집중은 작업에 적응하지 못할 수도 있다. 카메라의 기계적 특성을 알아보기 위한 과학적인 관심 때문에, 혹은 새로운 패션을 알아보기 위한 실용적인 관심 때문에, 또 뉴잉글랜드의 어떤 풍경 속에서 팔레스타인의 장면들이 촬영될 수 있었는지에 대한 전문적인 관심 때문에, 우리는 자발적인 주의집중을 수행하며 영화극 내내 움직이는 사진들을 볼 수는 있다. 그러나 이런 측면들 중 어떤 것도 영화극과 관련이 없다. 우리가 순수한 극적인 관심사에 의해 극을 따라간다면, 우리는 각본가와 제작자가 우리를 위해 준비한 주의집중의 신호들을 받아들여야 한다. 빠른 이미지의 유희 속에서 우리 마음에 영향을 미치고 방향을 주는 수단들이 확실히 존재한다.

물론 발화된 언어만으로는 부족하다. 우리는 무성영화에서 화면 위의 단어가 배우의 대사를 얼마나 자주 대체하는지 알고 있다. 그들은 때때로 장면 사이에 소위 '리더'로 나타나며, 때로는 장면 이미지 자체에 나타나기도 하고, 때로는 서면 편지나 전보, 신문 스크랩의 내용으로 매우 뚜렷하게 확대된 그림처럼 화면에 영사된다. 이 모든 경우에 단어 자체는 관심이 이동해야 하는 경계를 규정하고 관객의 관심이 새로운 목표로 향하게 한다. 그러나 벽에 글을 써서 도움을 주는 것은 결국 영화극의 본래 성격과는 무관하다. 움직이는 영상 그 자체의 심리학적인 효과를 연구하는 한, 엄밀한 의미에서 움직이는 영상에 관한 연구에 집중해야만 하며, 각본가가 이미지 해석을 위해 행하는 연구에 집중해서는 안 된다. 편지와 신문 기사(가 보여지는 장면)는 그 중간에 위치한다고 할 수 있을 것이다. 이것들은 이미지의 한 부분이지만, 그럼에도 관객들에게 미치는 영향력은 자막의 영향력과 매우 흡사하다. 여기에서 우리는 오직 이미지 형태로 제공되는 것만 언급하고 있다. 그러므로 우리는 오늘날 본격적인 영화극 기술이 포함하고 있는 영화음악이나 모방적인 소음은 고려하지 않는다. 이런 것은 사방에서 주의집중을 끌기 위해 아주 작은 역할만을 수행한다. 이것들은 장식일 뿐이고, 주된 힘은 이미지 자체의 내용 안에 존재해야만 한다.

그러나 언어를 제외한다면, 연극 무대에서 효과적인 주의집중을 끌기 위한 수단이 영화극 안에서도 사라지지 않았다는 것은 명백하다. 배우들의 움직임이 행사하는 모든 연출의 영향력 역시 그들이 영화를 촬영했을 때 느낄 수 있다. 나아가 말의 부재는 우리가 바라보는 움직임을 우리 마음속에 더 두드러지게 만든다. 우리의 모든 주의집중은 얼굴과 손의 동작에 맞추어질 수 있다. 모든 동작과 표현적 흥분은 발화와 함께 동반될 때보다 우리를 더 자극한다. 게다가 영화 촬영기의 기술적인 조건은 움직임의 중요성을 더욱 잘 보여준다. 첫째로, 스크린의 극은 무대 위의 극보다 더 빠르게 연기된다. 발화의 부재로 인해 모든 것은 압축되고, 전체적인 리듬은 빨라지고, 시간이 더 많이 압축되고, 이를 통한 강조가 더 날카로워지며 주의집중을 위한 강조 역시 더 강력해진다. 그러나 둘째로, 무대의 형태는 전경으로 나오는 사람들이 만들어내는 인상을 강화한다. 연극의 무대는 무대 앞쪽의 각광footlight[1] 근처에서 가장 넓고, 무대 뒤쪽으로 갈수록 점점 좁아진다. 영화의 무대는 앞쪽에서 가장 좁고 배경으로 갈수록 넓어진다. 카메라가 촬영하는 장면들이 담기는 각도에 의해 스크린이 통제되기 때문에 이러한 것이 필요하다. 실제로 카메라가 몇 마일 멀리 떨어진 풍경을 담게 되더라도, 카메라는 가장 가까운 장면으로부터 오직 몇 피트 거리에서 (이 장면의) 너비를 에워싸는 각도의 정점에 자리 잡고 있다. 따라서 전경에 나오는 것은 무엇이든 주변과 비교해 상대적으로 중요하다. 카메라에서 멀어진다는 것은 단순히 연극 무대의 배경으로 걸어가는 것보다 훨씬 더한 축소를 의미한다. 더욱이 생명이 없는 것은 무대보다 영화에서 움직일 기회가 훨씬 더 많으며, 그들의 움직임 역시 주의집중의 적절한 배치에 이바지할 수 있다.

그러나 우리는 이미 연극을 통해 움직임이 우리 관심을 극의 특정한 요소들에 집중하게 만드는 유일한 조건이 아님을 알고 있다. 특이한 생김새, 괴상한 복장, 멋진 의상이나 복장의 놀라운 결여, 진기한 장식들이 우리의 마음을 이끌고 한동안 넋을 잃게 할 수도 있다. 이러한 방법은 움직이는 영상의 한계 없는 수단들에 의해 단순한 사용 이상으로 효율성의 정점에 이를 수 있다. 이것은 설정과 배경의 힘으로 더욱 사실이 된다. 연극 무대 위 단순히 그려진 배경은 영화의 장면들이 세계 최고의 풍경 속에서 비추는 자연과 문화의 경이로움과 견줄 수 없다. 광활한 풍경이 열리고, 나무와 강물, 산골짜기와 바다가 현실의 온전한 힘을 드러내며 우리 앞에 펼쳐지고, 주의집중이 사라지는 것을 허락하지 않는 빠른 속도로 전환된다.

마지막으로, 연속되는 이미지의 단순한 형식적 배열은 우리의 주의력을 제어할 수 있으며, 여기에서도 다시금 정해져 있는 연극 무대보다 뛰어난 가능성을 볼 수 있다. 연극의 극장에서는 형식적인 어떠한 배치도 극장 안에 있는 모든 관객에게 정확히 같은 인상을 줄 수 없다. 연극 무대 양쪽 끝의 시점과 또다른 배치, 배경과 사람들과의 관계는 앞쪽과 뒤쪽에 있는 사람들, 왼쪽과 오른쪽에 있는 사람들, 오케스트라석과 발코니석에 있는 사람들에게 똑같이 나타나지는 않을 것이다. 그러나 카메라가 고정한 사진은 영화관의 모든 구석에서 똑같이 등장한다. 주의집중의 필요에 맞는 구성을 갖추기 위해 최고의 기술과 정교함이 적용된다. 관객은 배경의 선이나 방에 걸려 있는 물건들, 가구들의 곡선, 나뭇가지, 산의 형태가 그들의 마음을 사로잡는 여성 등장인물을 향하고 있다는 사실을 인지하지 못할 것이고, 인지해서도 안 된다. 빛의 그림자와 어두운 그림자의 조각들, 몇몇 부분의 불분명함과 그 외 부분의 날카로운 윤곽선, 격렬한 움직임에 대비되는 일부분의 고요함은 모두 우리 마음속 건반을 연주하고, 비자발적인 주의집중에 대하여 원하는 효과를 확보한다.

그러나 이 모든 것이 인정되더라도, 우리는 아직 관객들의 주의

집중과 영화극의 이미지 사이에 있는 가장 중요하고 가장 특징적인
관계에 도달하지 못했다. 게다가 우리는 연극 무대와의 비교가 무의
미한 지점까지 다다른다. 주의집중이란 무엇인가? 군중들 사이에 있
는 하나의 얼굴, 광활한 풍경 속 꽃 한 송이에 주의를 기울일 때, 우리
마음속에서 일어나는 본질적인 과정은 무엇일까? 이러한 과정을 변
화 하나에만 의존해서 설명하는 것은 잘못이다. 우리가 만약 주의집
중 행위에 관해 설명한다면, 현대의 심리학자들이 관찰하듯 우리는
몇 가지 조정된 특성들에 주목해야 한다. 이들은 서로 독립적이지 않
고 밀접하게 상호 연관되어 있다. 시각, 청각, 촉각, 후각 등 모든 감
각 영역에서 우리의 주의를 끄는 것이 무엇이든, 우리 의식에서 분명
히 더 생생하고 분명해진다고 말할 수 있다. 이것은 그것 자체가 더
강렬해진다는 의미가 전혀 아니다. 우리가 주의를 기울인다고 해서
희미한 빛이 바로 강한 백열등 빛이 되지는 않는다. 아니, 여전히 희
미하고 눈이 보기에는 가벼움으로 남아 있지만, (우리 마음속에서
는) 더 인상적이고 뚜렷하며 세부 사항이 점점 더 명확하고 생생해
진다. 이것은 우리를 강하게 사로잡는데, 은유적으로 말하자면 우리
의식의 중심으로 들어오게 된다.

　　여기에는 확실히 덜 중요하다고 할 수 없는 두번째 측면이 포함
된다. 주목된 인상이 더 선명해지는 동안, 다른 인상은 덜 선명해지
고, 덜 명확해지며, 덜 구분되고, 덜 상세해진다. 그것은 점차 사라진
다. 우리는 더는 그것을 알아채지 못한다. 그것은 우리 마음을 사로
잡지 못하고 사라진다. 우리가 책에 푹 빠지면 주변에서 무슨 이야기
를 하는지 전혀 듣지 못하고 주변의 공간도 보지 않는다. 우리는 모
든 것을 잊는다. 책의 페이지에 집중된 우리의 관심은 다른 모든 것
에 관한 관심의 부족을 가져온다. 여기에 세번째 요소를 추가할 수
있을 것이다. 우리는 우리 몸이 지각에 적응하는 것을 느낀다. 우리
머리는 소리를 듣는 움직임의 단계로 들어가고, 우리 눈은 외부세계

의 한 지점에 고정된다. 우리는 감각기관으로 최대한의 지각을 수용
하기 위해 모든 근육을 긴장 상태로 유지한다. 우리 눈의 수정체는
정확한 거리에 정밀하게 맞춰져 있다. 요약하자면, 우리의 신체적 특
성은 가능한 한 최대한 인상을 획득하려는 목표를 향해 일제히 작동
한다. 이것은 이제 네번째 요소에 의해 보완된다. 우리의 생각과 감
정, 충동은 주목하고 있는 대상을 중심으로 그룹화된다. 그것은 우리
가 하는 행동의 출발점이 되며, 그동안 감각 영역 안에 놓여 있는 다
른 대상은 우리의 생각과 감정을 얻는 데 실패한다. 이 네 가지 요소
는 서로 밀접하게 연관되어 있다. 거리를 지날 때 우리는 쇼윈도에서
무언가를 보고, 그것이 관심을 불러일으키자마자 우리 몸은 스스로
적응하고, 멈추고, 그것에 시선을 고정하고, 이에 관해 더 상세한 것
을 얻도록 하며, 윤곽이 더 날카로워지도록 조정한다. 우리를 둘러싼
거리가 생동감과 명확함을 잊어가는 동안, 그 물체는 이전보다 더 생
생한 인상을 남긴다.

　무대에서 배우의 손동작이 우리의 관심을 끈다면, 우리는 더는
전체 장면을 보지 않고, 주인공이 범죄 도구로 사용하고자 하는 리볼
버를 움켜쥔 손가락만을 본다. 우리의 관심은 완전히 그의 손이 하는
열정적인 연기에 쏠려 있다. 그것이 우리의 모든 감정적인 반응을 위
한 중심점이 된다. 이 장면에서 다른 배우들의 손은 보이지 않는다.
주인공의 손이 더 상세한 것을 보여주는 동안 다른 모든 것은 일반적
이고 모호한 배경으로 가라앉는다. 우리가 그것에 고정될수록, 선명
함과 뚜렷함은 더 증가한다. 이 지점에서 우리 감정이 분출되기 시작
하고, 감정은 다시 이 한 부분에 모든 감각을 집중시킨다. 마치 사건
이 약동하는 동안 이 하나의 손이 전체의 장면인 것 같고, 다른 모든
것은 사라져버린 것 같다. 그러나 이는 연극 무대에서는 불가능한 일
이다. 정말로 사라질 수 있는 것은 아무것도 없다. 극적인 손은 결국
전체 무대 공간의 아주 적은 부분으로만 남을 것이고, 아주 약간의

상세함만 남아 있을 것이다. 주인공의 몸 전체와 다른 사람들과 방 전체와 그 안에 있는 모든 상관없는 의자와 탁자도 우리의 감각에 계속해서 등장한다. 우리가 집중하지 않는 것이라 할지라도 갑작스럽게 무대에서 사라질 수는 없다. 필요한 모든 변화는 우리 자신의 마음에 의해 확보되어야 한다. 우리의 의식 속에서 관심을 집중하고 있는 손은 더 커지고 주변 공간은 흐려져야 한다. 무대는 우리를 도울 수 없다. 연극예술의 한계는 여기에 있다.

여기서 영화극의 예술이 시작된다. 흥분하여 무기를 잡은 긴장된 손은 다른 모든 것이 실제로 어둠 속으로 사라지는 동안 갑자기 확대되어 스크린에 홀로 나타난다. 우리 마음에서 일어나는 주의집중은 주변환경을 재정립한다. 지켜보고 있는 것의 세부사항이 갑자기 작품의 전체 내용이 되고, 우리가 무시하고자 하는 모든 것이 실제로도 시야에서 추방당해 사라진다. 외부의 사건이 우리 의식의 요구에 따른다. 영화극 제작자들의 언어로 이것이 '클로즈업close-up'이다. 클로즈업은 우리의 인식 세계에서 주의집중의 정신적 행위를 객관화하며, 이로써 어떤 연극 무대의 효과도 능가하는 방식을 새로운 예술에 제공한다.

클로즈업 기법은 영화극의 기법으로 다소 늦게 도입되었으나 빠르게 자리를 잡아가고 있다. 제작이 더 정교해질수록 이 새롭고 예술적인 방식의 사용은 빈번해지며 능숙해진다. 클로즈업 없이 멜로드라마는 연출되기 어렵다. 인쇄된 단어들의 비예술적인 사용이라도 이루어지지 않는다면 말이다. 클로즈업은 설명을 제공해야 한다. 납치당하거나 뒤바뀌어버린 아기의 목에 작은 로켓locket2이 걸려 있다면, 이십 년 뒤 이 소녀가 성장했을 때 모든 것이 이 로켓에 달려 있다는 것을 다시 말로 설명할 필요는 없을 것이다. 만약 아이의 목에 있는 장식이 한 번 클로즈업으로 보여진다면, 그리고 단번에 모든 것이 사라지고 그 형태만 화면에 크게 잡힌다면, 우리는 상상력을 그곳에 고정하고 그 물건이 뒤에 올 릴에서 결정적인 역할을 할 것이기 때문에 여기에 최대한 집중해야 한다는 것을 알게 된다. 손수건을 주머니에서 꺼내다 작은 종잇조각까지 양탄자 위에 떨어뜨리고 그 사실을 알아채지 못하는 신사는 사실은 범죄자로서, 그의 유죄를 입증할 종잇조각으로 우리의 관심을 끌게 된다. 이 장치는 연극에서 기능하기 어렵다. 왜냐하면 악당 자신보다 청중이 그 사실을 더 알아차리기 힘들 것이기 때문이다. 그러나 영화에서는 자주 애용되는 트릭이다. 종이가 떨어지는 순간 우리는 러그 위에서 확대된 종이의 모습을 본다. 다른 모든 것은 사라진다. 나아가 우리는 그 종이가 심각한 범죄가 저질러진 지역의 기차역이 적힌 표라는 것도 본다. 우리의 관심은 그곳에 집중되고, 우리는 그것이 앞으로 사건 진행에 결정적일 것이라고 짐작한다.

점원이 길가에서 신문을 사서 보고 깜짝 놀란다. 그러면 갑자기 우리 눈으로 직접 그 신문뉴스를 볼 수 있다. 클로즈업은 신문의 머리기사를 확대해 스크린 전체를 채운다. 이 주의집중의 초점이 플롯을 작동시킨다는 사실을 언급하는 것은 불필요하다. 행동의 의미를 고조시키는 미묘한 디테일, 혹은 의미심장한 몸짓이 몇 초 동안 무대를 독점함으로써 우리 의식의 중심으로 들어올 수 있다. 그녀의 웃는 얼굴에는 사랑이 있지만, 사람들로 북적북적한 공간에서는 그것에 주목하기 어렵다. 그러나 갑자기 약 삼 초 동안, 방 안의 모든 것이 사라지고 연인의 몸도 사라지고는 오직 갈망하는 그의 모습과 그녀의 부드러운 웃음만 우리에게 다가온다. 클로즈업은 어떤 연극 무대도 제공할 수 없는 일을 해낸다. 우리가 오페라글라스를 가지고 남녀의 얼굴만 바라보았다면 유사한 효과에 접근했을 수도 있지만, 그렇게 함으로써 우리는 무대가 제시하는 것으로부터 우리를 해방했어야 한다. 즉, 집중과 주목이 공연에 의해서 설계되는 것이 아니라 우리 스스로에 의해 설정되도록 말이다. 영화극에서는 그 반대다.

클로즈업에 대한 분석으로 우리는 깊이감 지각과 움직임에 관한 인식 연구가 이끄는 지점과 상당히 가까운 곳에 도달하지 않았는가? 우리는 영화가 우리에게 입체적이며 움직이고 있는 세계를 보여주지만, 영화의 깊이감과 움직임은 연극의 그것과 달리 진짜가 아니라는 것을 보았다. 우리는 지금 영화 속 행위의 현실성이 또다른 측면에서 객관적인 독립성을 결여하고 있다는 것을 발견한다. 왜냐하면 그 현실성은 주의집중의 주관적인 유희에 속해 있기 때문이다. 우리의 관심이 어떠한 특징에 집중하는 어디에서나 주변은 스스로 조정되고, 우리가 관심을 두지 않은 모든 것은 사라지고, 클로즈업을 통해 우리의 마음이 집중하고 있는 곳에 생동감이 불어넣어진다. 우리의 외부세계가 우리 마음속으로 직조되어 들어가고, 그 자체의 법칙이 아니라 우리의 주의집중 행위에 의해 그렇게 형성되는 것으로 보인다.

# 제5장 기억과 상상

실제 연극의 극장에 앉아 깊이감이 있는 무대를 보고 배우들의 움직임을 지켜보며 시선을 이리저리 돌릴 때, 각광 뒤로부터 받는 인상은 객관적이지만 우리가 주목한다는 행위 자체는 주관적임을 느끼곤 한다. 무대 위 인물과 물건은 외부에 있으나 주목하는 일은 내부에서 시작된다. 우리가 이미 알고 있듯이 우리가 주목한다고 해서 무대가 주는 인상에 어떤 것이 실제로 생겨나진 않는다. 물론 우리가 주목함으로써 어떤 것은 더 선명하고 분명해지고 다른 것은 모호해지거나 사라져버린다. 그러나 단순히 주목만 한다고 해서 우리가 내용을 의식할 수 있는 것은 아니다. 무대 위 어느 곳을 주목하든 상관없이 우리가 경험하는 무언가는 감각이라는 경로를 통해서 들어온다. 청중 속 관객은 단순히 눈과 귀로 동시에 떨어지는 빛이나 소리 감각 이상의 더 많은 것을 경험한다. 그는 무대 위에서 벌어지는 연기에 완전히 매혹당할 수 있으나, 그의 마음은 또다른 생각들로 넘치고 있는지도 모른다. 그럴 수 있는 원천 중 하나인 동시에 그 중요성을 결코 무시할 수 없는 것이 바로 기억의 행위다.

   실제로 기억의 행위는 모든 장면, 극 무대 위의 모든 단어와 움직임에 더 완전한 의미와 더 풍부한 설정을 제공하면서, 청중의 마음에 훨씬 더 많은 것을 가져다준다. 가장 흔한 경우를 생각해보면, 우리는 연극의 매 순간 이전 장면에서 어떤 일이 있었는지를 떠올려야 한다. 2막을 보고 있을 때 1막의 내용은 무대 위에 없다. 이제 2막만이 우리의 감각 인상이다. 그러나 1막으로 뒷받침되지 않으면 2막만으로는 의미가 없다. 그러므로 1막의 내용은 어떻게든 우리 의식 속에 자리잡고 있어야 한다. 적어도 모든 중요한 장면마다 우리는 새로운 전개를 조명할 수 있는 앞선 막의 상황을 기억해야 한다. 우리는 위험한 여정의 모험을 떠나는 젊은 선교사를 만난다. 이전 막에서 부모와 누이들의 사랑으로 둘러싸여 평화로운 오두막에 있는 그의 모습을 보았고, 그가 그들을 두고 떠났을 때 가족이 얼마나 슬퍼했는지를 기억한다. 그가 멀고먼 땅에서 이겨낸 위험이 험난할수록 우리는 이미 목격한 고향의 장면을 더 강렬하게 기억한다. 연극의 극장은 우리가 그렇게 되돌아보라고 제안할 수 있을 따름이다. 젊은 주인공은 독백이나 기도를 통해 이러한 추억을 다시 우리 의식 속에 불러일으킬지도 모른다. 그가 아프리카의 정글을 고군분투하며 헤쳐나가고 야만인들이 그를 공격할 때, 멜로드라마는 그가 남기고 온 것을 강력하게 우리에게 상기하도록 몇 가지 대사를 그에게 부여할 수도 있다. 그러나 결국 이러한 이미지를 제공하는 것은 우리 자신이 기억하는 생각의 재료들이다. 연극은 그 이상으로 나아갈 수 없다. 반면 영화극은 여기서 더 나아갈 수 있다. 우리는 정글을 지켜보고 위험의 절정에 놓인 주인공을 본다. 그러던 중 갑자기 스크린에 과거의 모습이 지나간다. 2초가 안 되는 시간 동안 목가적인 뉴잉글랜드의 장면은 아프리카의 긴박한 상황 사이에 끼어든다. 한 번의 심호흡이 끝날 때 우리는 다시 현재 사건에 휘말린다. 갑작스럽게 떠오른 지나간 날 중 하나로서 스쳐가는 과거의 고향 장면은 우리 마음을 관통해 지나간다.

현대의 카메라 작가는 이 기술 장치를 다양한 형태로 사용한다. 그 이전 장면으로 돌아가는 것을 그들의 용어로 '컷백 cut-back'이라고 한다. 컷백은 다양하게 변주될 수 있고 여러 목적에 따라 쓰일 수도 있겠으나 우리는 여기서 심리학적으로 가장 흥미로운 것을 보려고 한다. 우리의 기억 기능은 실제로 객관화되었다. 컷백은 클로즈업의 경우와 상당히 유사하다. 후자로는 주의집중하고 있다는 정신의 작용을 인식하는 한편, 전자로는 기억하는 정신의 작용을 인식한다. 일반적인 연극의 극장에 있을 때 이 두 작용은 우리 마음속에서만 일어나지만, 영화에서는 그 자체가 이미지에 담겨 화면에 투사된다. 마치 현실이 그 자체의 연속적인 연결고리를 잃어버리고 우리의 영혼이 요구하는 바대로 형성되는 것 같다. 마치 외부세계 자체가 순식간에 변하는 주의집중이나 지나가는 기억에 관한 생각에 맞춰 주조되는 것만 같다.

앞을 내다보는 시선에 의해 사건의 진행이 간섭받는 경우는 단지 동일한 원리의 다른 버전일 뿐이다. 이때 관련된 정신적 기능은 '기대'일 텐데, 기대가 우리 감정에 의해 제어될 때는 상상이라는 정신적 기능으로 분류할 수도 있을 것이다. 멜로드라마는 젊은 백만장자가 방탕하게 살면서 매일 밤을 어떻게 헛되이 보내는지 보여준다. 그가 샴페인 파티에서 부끄러움을 모르는 여자들과 함께 불경스러운 건배로 잔을 부딪칠 때 우리는 갑자기 스크린에서 20년 후 그의 모습을 목도한다. 한없이 초라한 술집의 바텐더가 돈 한 푼 없는 부랑자를 도랑에 처박는 장면이다. 우리는 연극의 극장에서도 마지막 막에서 비슷한 결말을 볼 수도 있다. 하지만 이때 사건은 순차적으로 보일 수 있을 뿐이다. 인생이 아직 한창 꽃을 피우고 20년간의 내리막 인생이 좀더 설명되어야 할 때는 비참한 결말이 등장할 수 없다. 오로지 우리의 상상력만이 인생의 물레방아가 어떻게 돌아갈지를 예측할 수 있다. 영화극에서는 우리의 상상이 스크린 위로 투사된다. 패배하는 최후의 장면이 가장 영광스러운 승리의 순간에 삽입되는 언캐니한 대조와 함께, 5초 후에는 다시 황홀한 젊은 날의 이야기가 흘러간다. 다시금 우리는 마음의 힘으로 재주조된 자연 현상들의 과정을 지켜본다. 연극의 극장은 실제 사건이 어떻게 그다음 사건을 따라갈 것인지만 그려낼 수 있다. 그런데 영화극은 과거의 간격과 마찬가지로 미래의 간격도 극복할 수 있다. 지금 이 순간과 바로 다음 순간 사이에, 20년 후 어느 날로 미끄러져갈 수 있다. 요약하자면 그것은 우리의 상상이 작동하는 것처럼 작동할 수 있다. 영화극은 우리의 생각이 이동하는 것처럼 이동할 수 있는데, 이는 외부적 사건들의 물리적인 필요성이 아니라 생각을 연관시키려는 심리학적 법칙에 의해 통제된다. 우리 마음속에서 과거와 미래는 현재와 얽혀 있다. 영화극은 외부세계의 법칙보다 마음의 법칙을 따른다.

기억과 상상의 유희는 필름예술에서 훨씬 더 의미가 풍부할 수 있다. 스크린은 우리가 기억하거나 상상하는 것뿐 아니라 극 속의 인물들이 자신의 내면에서 바라보는 것까지도 만들어낼 수 있다. 카메라 단계의 기술은 이러한 종류의 묘사 작업을 위한 특징적인 양식을 성공적으로 도입해왔다. 만일 장면 속 인물이 기억하는 과거가 관객들은 전혀 알지 못하지만 남자 주인공이나 여자 주인공의 기억 속에 살아 있는 과거라면, 이전에 발생한 사건이 완전히 새로운 장면 세트로 화면에 등장하지 않는다. 그 대신 느린 전환을 통해 현재 장면과 연결된다. 그는 서재의 난로 앞에 앉아 그녀의 결혼 소식이 담긴 편지를 받는다. 편지에 새겨진 결혼 발표가 확대되어 우리 눈앞에 클로즈업 화면으로 등장하는데, 이는 완전히 새로운 장면이다. 방이 사라지고 카드를 들고 있던 손이 번쩍 나타난다. 다시 한번 카드를 읽었을 때, 손이 갑자기 사라지고 다시 방 안이다. 그러나 그가 꿈꾸듯이 불을 헤집고 자리에 앉아 불꽃을 바라보면, 이때 방은 녹고 있는 듯 보이고 선은 흐려지고 세목들은 사라진다. 벽과 방 전체가 천천히 녹는 동안 동일한 느린 전환으로 초목이 가득한 정원이 꽃을 피우기 시작한다. 그 정원에서 그는 그녀와 함께 라일락 덤불 밑에 앉아 풋풋한 사랑을 고백한다. 그리고서 정원은 서서히 사라진다. 꽃들 사이로 우리는 다시 방의 흐릿한 윤곽을 본다. 윤곽은 우리가 다시 방 한가운데로 돌아올 때까지 점차 선명해진다. 이제 과거의 모습은 어디에도 없다.

하나의 장면에서 다른 장면으로, 그리고 원래 장면으로 다시 돌아오는 점진적 전환을 만들어내는 기술은 지극히 인내를 요구하며 갑작스러운 변화보다 어렵다. 정확하게 상응하는 두 장면이 세트별로 제작되어야 하고 마지막에 합쳐져야 하기 때문이다. 그러나 이런 번거로운 방법은 영화 제작 과정에 충분히 수용되어왔다. 이러한 효과는 실제로 어느 정도 추억의 등장과 사라짐을 상징화한다.

이러한 체계는 자연스레 시야를 넓게 열어젖혔다. 노련한 영화극작가는 과거 회상 형식을 활용하여 긴 장면과 과거의 복잡한 전개를 우리에게 전달한다. 절친한 친구를 총으로 쏜 남자는 우리가 보고 있는 법정 재판에서 아무것도 해명하지 않았다. 그것은 그 마을 전체에서 완벽한 비밀이며 관객들에게도 미스터리하다. 이제 그의 뒤편으로 감방문이 닫히고 감옥 벽이 흐려지고 녹아내려버린다. 우리는 그의 친구가 아무도 몰래 오두막에서 주인공의 아내를 만나는 장면을 목격한다. 또한 주인공이 그곳에 어떻게 들어가게 되었는지, 그 모든 일이 어떻게 발생했는지, 또 그의 가족에 불명예를 안겨주었을 모든 변명을 주인공이 어떻게 거부했는지도 본다. 전체적인 살인 줄거리는 그의 기억 속 생각의 재현에 포함된다. 영화극이 이 패턴을 단순히 단어의 대체물로서 사용할 때도 종종 있는데, 그럴 때 효과는 덜 예술적이다. 영화화된 가보리오[Émile Gaboriau][1]의 작품에서 법정에

선 한 여자는 처음에 범죄로 끝난 자기 인생에 대해 이야기하기를 거
부한다. 그녀가 마침내 양보하고 모든 과거를 설명하기 시작한다. 그
녀가 입을 연 순간 법정은 사라지고 사랑의 모험을 시작했던 장면으
로 페이드인Fade-in 된다. 그런 다음 중요한 지점으로 이어지는 일련
의 긴 장면을 통과하고 나서 우리가 법정으로 다시 미끄러져 들어가
면, 여성은 고백을 마무리한다. 이 경우에 장면들을 통해 외부적으
로 말이 대체되었으며, 과거가 목격자의 기억 속에만 살아 있는 다른
경우보다 미학적으로는 차원이 낮다고 할 수 있다. 그러나 이 역시도
과거 사건의 체현體現이며, 연극의 극장이 들려줄 수는 있어도 결코
보여줄 수는 없는 것이다.

　　우리가 주인공의 회상을 따라갈 수 있는 것과 마찬가지로, 그의
상상마저도 공유할 수 있다. 이는 관객인 우리가 상상력으로 만든 생
각이 스크린에 실현된 경우와 명백히 다르다. 이때 우리는 극 속에서
인물들의 상상을 통해 드러난 놀라운 일을 수동적으로 관찰하는 목
격자가 된다. 해군에 들어가 첫날 밤 선상에서 잠을 청하는 한 소년
이 보여진다. 다음으로 벽들이 사라지고 그의 상상은 하나의 항구에
서 다른 항구로 파닥이며 날아간다. 그가 외국의 사진들에서 보고 동
료들에게서 들은 모든 것은 그의 환희에 찬 모험의 배경이 된다. 이
제 그는 갑판 위의 삭구索具[2]에 서 있고, 배는 자랑스럽게도 리우데자
네이루 항구와 마닐라만으로 항해한다. 일본의 항구와 인도의 해안
을 즐기고, 다음은 수에즈운하로 들어가며, 그러고는 다시 뉴욕의 마
천루 사이로 돌아온다. 아름답고 환상적인 장면들 사이에서 소년이
세계여행을 하는 데는 1분도 채 걸리지 않았고, 우리는 그가 꿈꾸는
모든 희망과 황홀경을 함께 경험했다. 우리가 만일 연극의 무대 위에
서 젊은 선원이 해먹에 누워 있는 모습을 봤다면, 그는 독백 혹은 친
구에게 하는 열정적인 연설을 통해서만 그의 마음에 스쳐 지나가고
있는 것이 무엇인지 우리에게 들려줄 수 있었을 것이다. 그렇다면 낮

선 지역의 이름이 불러일으키는 것만 우리 마음의 눈으로 보았어야
했을 것이다. 우리는 그의 영혼의 눈과 희망의 빛을 통해 세계의 경
이로움을 실제로 볼 수는 없었을 것이다. 연극은 우리 귀에 멈춰 있
는 이름들을 들려준다. 그러나 영화극은 우리 눈에 황홀한 풍경을 가
져다주고, 정말 살아 있는 듯한 장면 속 젊은 청년이 그려내는 상상
을 보여준다.

여기에서 우리는 카메라가 취할 수 있는 환상적인 꿈의 관점을
본다. 연극의 극장에서는 가상의 설정을 도입하고 무대 구름이 잠자
는 사람 위로 가라앉고 천사들이 무대를 채울 때마다, 구절이 만들어
내는 아름다움이 시각적 매력이 보여주는 불완전성을 변명해야 한
다. 영화극 예술가는 여기에서도 승리를 거둘 수 있다. 부실한 효과
마저도 (영화극의) 세팅에서는 정도가 완화된다. 나무에 기어올라
그늘진 가지에서 잠든 누더기 차림의 부랑자가 역전된 세계를 살며
궁전에서 만찬 및 영광을 누린다. 그가 하늘로 향해가던 중 엔진
이 폭발하면서 나무에서 땅으로 떨어졌다고 해도, 그것은 용인할 만
한 광경이 된다. 왜냐하면 모든 것이 비현실적인 영화 안에서 합쳐졌
기 때문이다. 또다른 극단적인 예를 생각해보면, 전쟁의 신에 의해
불가항력으로 짓밟혔다가 곧 평화의 천사에 의해 축복받는 인류의
거대한 비전이 그 영적인 의미와 함께 우리 눈앞에 떠오를 수도 있다.

심지어는 연극 한 편 전체가 하나의 거대한 상상력 넘치는 꿈으
로서, 필름 다섯 릴짜리 공연을 제공하는 설정의 영화극 프레임으로
만들어질 수도 있다. 아기자기한 극 〈브로드웨이가 오솔길이었던 시
절When Broadway Was a Trail〉[3]에서 남녀 주인공은 메트로폴리탄 타워[4]에
서서 난간 위로 몸을 굽힌다. 그들은 현재의 혼란스러운 뉴욕의 모습
을 바라보고, 자유의 여신상 옆으로 지나가는 배들을 바라본다. 남자
는 17세기 브로드웨이가 오솔길이었던 시절에 관해 이야기하기 시

작하고, 그의 상상력이 불러일으키는 시절이 갑자기 우리 곁으로 다
가온다. 두 시간 동안 우리는 300년 전에 일어났던 사건들을 따라간
다. 뉴암스테르담[5]에서 출발해 뉴잉글랜드 해안가로 이어지는 초기
식민지의 삶은 우리에게 친근한 매력을 보여주고, 주인공이 브로드
웨이 오솔길을 따라 귀로에 오를 때 우리는 꿈에서 깨어나 그 젊은 화
자가 여자에게 오늘날 브로드웨이 빌딩들을 보여주는 마지막 제스
처를 보게 된다.

기억은 과거를 향하고, 기대와 상상은 미래를 바라본다. 그러나
우리 주변 환경에 대한 지각 가운데 우리 마음이 이전에 일어났던 일
과 나중에 일어날 수 있는 일에만 관심을 두는 것은 아니다. 우리 마
음은 동시에 다른 곳에서 벌어지는 사건에도 관심을 가진다. 연극의
극장은 우리에게 한 장소에서 일어나는 사건만 보여줄 수 있다. 우
리의 마음은 더 많은 것을 갈망한다. 삶은 단순한 하나의 경로로 전
진하지 않는다. 끝없는 상호 연결과 더불어 평행한 흐름들의 전체적
인 다양성은 우리 이해의 진정한 실체다. 하나의 공간을 가로지른 벽
사이에 모든 내용을 하나의 꾸준한 전개로 밀어넣는 것이 특정 예술
의 과업일 수 있지만, 그 공간으로 오는 모든 편지와 전화 통화는 그
럴 때마저도 다른 설정의 다른 전개가 동시에 진행되고 있음을 상기
시켜준다. 영혼은 이 모든 상호 작용을 고대하며, 대조가 풍부할수록
여러 공간에서 우리가 동시에 존재하는 만족도 더 커질 수 있다. 영
화극만이 우리에게 이러한 편재遍在의 기회를 제공한다. 우리는 젊은
아내에게 간부회의가 있다고 말한 은행가가 늦은 시간 카바레 연회
에서 자기 사무실의 여성 타자수와 함께 있는 것을 보게 된다. 그 여
성 타자수는 가난하고 나이든 부모에게 집에 일찍 돌아오겠다고 약
속한 바 있다. 우리는 호화로운 옥상정원과 탱고 댄스를 보지만, 우
리의 극적 흥미는 경박한 한 쌍과 교외 시골집에 있는 질투에 찬 젊
은 아내, 그리고 불안에 찬 다락방의 노인들 사이로 나누어진다. 우

리의 마음은 세 가지 장면 사이에서 흔들린다. 영화극은 하나의 장면에 이어 다른 하나의 장면을 순차적으로 보여주지만, 그렇다고 우리가 그것을 연속적인 것으로 간주한다고 말하기는 어렵다. 그것은 마치 동시에 실제로 세 장소에 있는 것과 같다. 우리는 20초간 극적 흥미의 중심을 차지하는 즐거운 춤을 보고, 그다음 3초간 화려한 내실에서 시계 눈금판을 바라보는 아내를 보며, 또다시 3초간 계단에서 들려오는 모든 소리에 열심히 귀를 기울이는 걱정에 찬 부모를 보고, 새로이 20초간 다시 한번 격동의 연회를 본다. 열광이 클라이맥스에 달하고, 바로 그 순간 우리는 갑자기 다시 그의 불행한 아내와 함께 하는 것이다. 이마저도 한순간에 불과하고, 다음 순간 우리는 불쌍한 어머니의 눈물을 본다. 세 개의 장면은 마치 아무런 방해를 받지 않은 것처럼 진행된다. 그것은 마치 세 가지 다른 음이 하나의 화음을 이루는 것처럼 우리가 하나를 통해 각기 다른 장면을 보는 것과 같다.

서로 짜여질 수 있는 실타래의 수에는 한계가 없다. 복잡한 줄거리는 대여섯 곳에서 협동작업을 요구할 수 있다. 우리는 지금 하나를 들여다보고 또다른 것을 들여다보지만, 그것들이 순차적으로 이어진다는 인상은 절대로 받지 않는다. 시간적 요소가 사라지고 하나의 행동이 모든 방향으로 빛난다. 물론 이것은 쉽사리 과장될 수 있고, 그 결과 산만한 것이 되어버릴 수도 있다. 만약 장면이 너무 자주 바뀌고 휴지 없이 모든 활동이 전개된다면, 장소에서 장소로 옮겨가는 신경질적인 급한 이동으로 극은 우리를 성가시게 할 수 있다. 테다 바라Theda Bara가 출연한 〈카르멘Carmen〉[6]의 결말에서는 10분 동안 장면이 170개나 바뀌며, 평균 약 3초가 조금 넘는 동안만 한 장면이 지속된다. 우리는 극적인 행동의 새로운 국면에서 돈 호세와 카르멘과 투우사를 따라가는 한편, 돈 호세의 어머니가 그를 기다리는 고향 마을로도 끊임없이 옮겨진다. 사실상 여기서 극적 긴장은 신경과민적 요소를 지니는데, 이는 제럴딘 패러Geraldine Farrar의 〈카르멘〉[7]이 단일 액션의 덜 파편화된 전개를 허용하는 것과 대조된다.

그러나 예술적인 절제와 함께 사용되었든 위험한 과장과 함께
사용되었든, 어떤 경우든 심리학적 의미는 명백하다. 그것은 새로운
형태 속에서 우리에게 깊이감과 움직임에 대한 지각, 주의집중 및 기
억과 상상력의 작용이 나타나는 동일한 원칙을 입증해준다. 객관적
세계는 마음의 관심사에 의해 주조된다. 서로 너무 멀리 떨어져 있어서 우리
가 결코 동시에 물리적으로 현존할 수 없는 사건들이 우리 의식 안에서 하나
가 된 것처럼 우리의 시각 장field 안에서 합쳐진다. 심리학자들은 여전히
마음이 여러 그룹으로 나뉘어 있는 생각에 동시적으로 전념하는 것
이 가능한지를 논쟁중이다. 일부는 소위 주의의 분할이라고 불리는
것이 실은 빠르게 이루어지는 교대라고 주장한다. 그러나 어떤 경우
든 주관적으로 우리는 그것을 실제의 분할로 경험한다. 우리의 마음
은 분열되어 명백히 하나의 정신 작용으로 여기와 저기에 동시에 있
을 수 있다. 이러한 내면적 분할, 대조되는 상황에 대한 인식, 영혼 속
에서 분산하는 체험의 교차는 영화극이 아니고서는 체현될 수 없다.

만약 우리가 이른바 암시라고 간주해온 것과 상당히 밀접한 심
리작용으로 관심을 돌려보면, 마음과 촬영된 장면들 사이의 이러한
관계에 흥미로운 측면 조명이 비추어질 수 있다. 의식 속에서 일깨워
지는 암시된 아이디어는 기억 아이디어나 상상적 아이디어와 같은
재료를 통해 구성된다. 회상 및 환상과 마찬가지로 연상의 유희가 암
시를 통제한다. 그러나 본질적인 점에서는 상당히 다르다. 다른 모
든 연상적 생각은 외부 인상에서 시작점을 찾고 있다. 우리가 무대
나 화면, 혹은 삶 속에서 풍경을 보면, 이 시각적 인식이 기억이나 상
상력에서 적절한 생각을 일깨우는 신호가 된다. 그러나 그 선택은 우
리 자신의 관심사와 태도, 그리고 과거의 경험에 의해 온전히 통제된
다. 따라서 이러한 기억과 공상은 우리의 주관적 보충물로 느껴진다.

우리는 그 객관적 현실성을 믿지는 않는다. 반면 암시는 우리에게 강요되는 것이다. 외부 지각은 단지 시작점일 뿐만 아니라 통제하는 영향력이다. 연상된 생각은 우리 자신이 만들어낸 창조물로 여겨지지 않고, 우리가 따라야 하는 무언가로 느껴진다. 그 극단적 사례는 물론 최면을 당한 사람의 마음에 저항할 수 없는 생각을 일깨우는 최면술사의 경우다. 최면에 걸린 자는 그것을 실재로서 받아들여야 하며, 음산한 방이 아름다운 정원이고 자신은 거기서 꽃을 꺾고 있다고 믿어야 한다.

주술에 걸린 연극의 극장 혹은 영화관의 관객은 확실히 고양된 피암시성의 상태에 놓여 있으며, 기꺼이 암시를 받아들일 준비가 되어 있다. 위대하고 근본적인 하나의 암시는 연극과 영화극 두 경우 모두 동일하게 작용한다. 즉 청중의 마음에 이것이 단지 극 이상의 것이며, 우리가 목격하는 대상이 진짜 삶이라고 암시하는 것이다. 그러나 우리가 더 나아가 구체적인 행위에 대한 암시의 적용에 관해 묻는다면, 연극의 극장은 수단이 극도로 제한되어 있다는 사실을 간과할 수 없다. 무대 위의 연속된 사건은 무언가가 뒤따라야 한다는 예측을 강하게 마음에 강요할 수도 있지만, 무대가 자연법칙에 따라 행동해야 하는 실질적 물리적 존재를 등장시킨다는 점을 고려하면, 연극 무대는 우리가 기다리고 있던 실제 사건을 그대로 제시하는 수밖에 없다. 물론 무대 위에서도 주인공은 손에 권총을 들고 말할 수 있다. 자살 장면이 이어지고 다음 순간 그가 삶을 끝내리라고 우리에게 완전히 암시될 때까지 말이다. 바로 그때 막이 내리고 그의 죽음에 대한 암시만이 우리 마음에 작용할 수 있다. 그러나 커튼을 내리는 것은 장면의 끝을 의미하기 때문에 이것은 분명히 매우 예외적이다. 한 막 자체에서 모든 연속된 사건은 자연스러운 결말에 도달해야 한다. 만약 무대에서 남자 두 명이 싸우기 시작한다면, 암시될 것은 아무것도 남지 않는다. 우리는 단순히 싸움을 목격해야만 한다. 만약 두 연인이 서로 껴안으면, 우리는 그들의 애무를 지켜봐야 한다.

영화극은 회상을 제공할 때 컷백을 사용할 수 있을 뿐만 아니라 암시를 제공할 때 '컷오프'[8]를 사용할 수 있다. 실제 경찰이 범죄나 자살 행위 등을 영화의 스크린에 보이지 말라는 요구를 굳이 하지 않았 더라도, 단지 예술적인 이유 때문에라도 전체 장면을 이끌어가는 암시에 클라이맥스를 맡기는 편이 더 현명할 것이다. 논리적인 목적으로 일련의 이미지들을 가져올 필요는 없다. 왜냐하면 그것들은 이미 지일 뿐 실제의 대상이 아니기 때문이다. 어느 순간이라도 남자 주인 공은 현장에서 사라질 수 있다. 또 원래는 어떤 자동차도 급행열차와 충돌할 때 멈출 수 없을 정도로 빠르게 질주할 수는 없다. 말을 탄 사 람이 심연 속으로 뛰어든다. 우리는 그가 떨어지는 것을 보지만 그가 땅에 충돌하는 순간 이미 우리는 멀리 떨어진 장면 한가운데에 있다. 여러 차례 반복해서 니켈로디언nickelodeon[9] 관객이 가진 의심스러운 취향의 관능은 옷을 벗는 여성의 암시적 화면에 의해 선동되어왔고, 침실에서 마지막 옷가지에 손이 닿을 때 청중은 갑자기 시장의 군중 속 혹은 강 위의 유람선 위에 있게 된다. 우리가 영화극의 특성으로 인식한 장면의 급속한 전환과 관련된 총체적 기술은 어느 정도까지 잔상이 개별 사진을 이어놓듯, 모든 종료점에서 개별 장면들을 이어 주는 암시의 요소를 포함한다.

제6장 공감

감정을 그려내는 것이 영화극의 주요 목적임이 틀림없다. 연극에서
는 지적인 말이 오고가고 감정적 인물이 아니라 지성적 인물이 나오
더라도 우리는 그들의 대화에 흥미를 느끼고 귀기울일 것이다. 하지
만 우리가 스크린에서 보는 배우는 오로지 무엇을 하는지를 통해 주
의를 끌어야 하며, 그의 행동은 행동을 조절하는 감각과 감정을 통해
서만 우리에게 의미와 통일성을 전달한다. 연극보다 영화극 안의 인
물이 우리에게 감정적 경험의 주체가 된다. 인물들의 기쁨과 아픔,
희망과 두려움, 사랑과 증오, 고마움과 부러움, 그리고 동정과 적대
감이 극에 의미와 가치를 부여한다. 영화극의 예술가가 이런 감각을
확실한 표현으로 만들 기회는 무엇인가?

　　의심할 여지 없이 감정은 말로 표현되지 못하면서 중요한 요소
를 잃었지만, 제스처, 행동, 얼굴의 움직임이 강렬한 감정의 심리적
과정과 밀접히 관련되어 모든 미묘한 차이들의 특징을 전달할 수 있
다. 얼굴만으로도 입가의 긴장과 눈의 움직임, 이마의 주름, 심지어

콧구멍의 움직임과 턱의 모양을 통해 수없이 많은 음영을 감정의 톤
에 불어넣을 것이다. 여기서도 클로즈업은 인상을 강력하게 고조시
킬 수 있다. 무대 위 감정의 클라이맥스에서 관객은 입술의 즐거움과
눈동자의 격정, 동공의 섬뜩함과 떨리는 뺨 같은 미세한 요소를 놓치
지 않기 위해 오페라글라스를 즐겨 사용한다. 스크린에서 클로즈업
을 통한 확대는 얼굴의 감정적 행위를 매우 선명하게 부각한다. 또
는 오해할 여지 없는 손의 동작을 확대하여 화와 분노 혹은 부드러운
사랑이나 질투를 보여줄 수도 있다. 유머러스한 장면에서는 구애하
는 발이 유혹하는 모습을 클로즈업해서 발 주인의 마음을 알려줄지
도 모른다. 그렇지만 이것은 좁은 범위에서만 가능하다. 얼굴이 붉어
지거나 창백해지는 등 많은 감정적 증상은 단순한 카메라의 렌더링
으로 사라질 수 있으며, 무엇보다도 감정의 징후는 대부분 자율적으
로 통제할 수 없다. 영화배우들은 신중히 움직임을 살피고 근육의 수
축과 이완을 모방할지 모르지만, 실제 삶의 감정에 가장 필수적인 과
정, 다시 말해 분비기관, 혈관, 불수의근의 과정은 만들어낼 수 없다.

　　분명 동작을 살펴보면 몇몇 무의식적이고 본능적인 반응 일부
가 일어날 수 있도록 충분히 의식을 가리고자 할 것이다. 배우는 그
가 모방하는 내적 흥분의 어떤 것을 실제로 경험하며 그 흥분을 통해
자동적인 반응이 나타난다. 실제로 눈물을 흘릴 수 있는 사람은 소수
에 불과하지만, 얼굴 근육을 움직여 우는 것처럼 보이게 만든다. 홍
채의 반사적 근육이 강렬한 상상력이 줄 수 있는 신호에 반응하고,
공포, 놀라움 또는 증오의 모방 표현이 실제로 동공의 확대 또는 축
소로 이어질 수 있으므로, 눈의 동공은 다소 순응적이다. 공포, 경악
또는 증오의 모방 표현은 실제로 클로즈업이 보여줄 수 있는 동공의
확대 또는 축소로 이어질 수 있다. 그러나 상황의 비현실성에 대한
의식이 무의식적인 본능적 반응에 대한 심리적 억제로 작용하기 때
문에, 삶에서만 만들어지고 단순한 예술은 만들어낼 수 없는 것이 아

직 너무 많이 남아 있다. 배우는 인위적으로 떨거나 거칠게 숨을 쉴 수 있지만, 경동맥의 강한 맥박이나 땀으로 인한 피부의 촉촉함은 모방된 감정에서 나오지 않는다. 물론 무대 위의 배우도 마찬가지다. 여기에서 말의 내용과 음성의 변조는 시각적 인상의 단점을 잊는 데 상당히 도움이 될 수 있다.

반면 영화배우들은 제스처와 표정 연기의 과장을 통해 이런 결함을 극복하려는 유혹에 놓이고, 그 결과 감정 표현이 과장된다. 그 어떤 영화극 지지자라도 이런 피할 수 없는 경향 때문에 많은 영화예술이 고통받는 것을 부정할 수 없다. 마찬가지로 영화의 빠른 행진과 같은 리듬은 이런 인위적인 과장을 선호한다. 극의 내용이 감정의 높이와 깊이를 거의 암시하지 않을 때, 장면의 빠른 전환은 종종 하나의 감정적 절정에서 다른 감정적 절정으로 비약 혹은 극단적인 표현의 출현을 오히려 요구하는 것처럼 보인다. 부드러운 빛은 꺼지고 마음의 눈이 눈부신 섬광에 적응하게 된다. 이 부인할 수 없는 결함은 유럽 배우들, 특히 흥분된 몸짓과 두드러지는 표정이 자연스러운 프랑스나 이탈리아 배우들보다 미국 배우들에게서 훨씬 더 드러난다. 증오, 질투, 흠모를 나타내는 나폴리식 표현을 억지로 뉴잉글랜드 기질에 끼워 맞추려면 풍자만화처럼 되어버린다. 무대에 강한 배우들이 스크린에서는 대체로 결정적으로 실패하는 것은 우연이 아니다. 그들은 낯선 예술 속으로 끌려들어갔고 그들의 성과는 대체로 전문화된 영화배우들에 미치지 못한다. 목소리의 마법에 습관적으로 의존해온 이들은 말없이 감정을 전달하려 할 때 어떤 방법으로 표현해야 자연스러운지 알지 못한다. 그들은 지나치게 적게 전달하거나 지나치게 많이 전달한다. 표현력이 없어지거나 그로테스크해진다.

물론 영화의 예술가는 한 가지 이점을 가지고 있다. 그는 무대공연의 결정적 순간에 이르러 가장 인상적인 제스처를 찾아야 할 필요가 없다. 그는 리허설을 할 수 있을 뿐만 아니라 정확하게 제대로 된 영감이 나타날 때까지 카메라 앞에서 그 장면을 반복할 수 있고, 얼굴을 클로즈업해서 찍는 감독은 총체적으로 장면의 감정이 집약된 표현을 뽑아내기 위해 이전의 형편없는 숱한 시도를 버릴 수 있다. 또다른 측면에서 영화극의 감독은 기술적 이점을 누린다. 그는 실제 연극의 무대감독보다 손쉽게 역할에 맞는 자연스러운 체구와 모습의 배우를 고를 수 있고 원하는 표현에 맞게 배치할 수 있다. 연극은 전문 배우들에게 전적으로 달려 있다. 영화극은 구체적인 역할을 위해 어떤 그룹의 사람 중에서도 배우를 선택할 수 있다. 그들은 발화기술이 필요하지 않고 전달력을 훈련할 필요가 없다. 무대 배우들의 인위적인 분장은 특정 캐릭터를 부여하기 위함이므로 스크린에서는 별로 필요하지 않다. 표정과 제스처의 표현은 특정한 역할에 대한 배우의 자연스러운 적합성을 통해 얻어야 한다. 만약 영화극에서 광산지역 출신의 거친 권투선수가 필요하다면 감독은 무대감독처럼 깨끗하고 깔끔한 전문 배우를 저속한 짐승으로 변화시키려 애쓰지 않을 것이다. 그 대신 그는 바워리 가[1]를 뒤져 마치 광산에서 나온 듯한, 적어도 프로권투선수처럼 연골이 박살나고 뭉개진 귀를 가진 몇 사람을 찾을 것이다. 거만한 미소를 짓는 뚱뚱한 바텐더가 필요하거나 초췌한 유대계 상인, 혹은 이탈리안 오르간 연주자가 필요하다면 가발과 물감에 기댈 필요 없이 이스트사이드[2]에서 이미 그렇게 생긴 사람들을 찾으면 된다. 꼭 들어맞는 신체와 얼굴은 감정을 더 신뢰할 수 있게 한다. 그러므로 영화극에서 감정 표현은 종종 자연스러움을 넘어서야만 한다고 느끼는 전문가들의 주요 부분보다 외부인들이 연기하는 작은 역할을 통해 더욱 자연스럽게 드러난다.

하지만 지금까지 우리의 모든 고려는 일방적이고 편협했다. 우리는 단지 영화배우가 감정을 표현하는 방법에 대해 살펴보았고, 이는 자연스럽게 그의 신체 반응에 대한 분석에 국한되었다. 하지만 우리 주변의 인간 개인은 감정과 기분을 나타낼 때 신체적 표현 외에 다른 수단이 거의 없지만, 영화극 예술가는 명백히 이 한계에 묶여 있지 않다. 심지어 삶에서도, 감정의 색감은 신체를 넘어서 발산될 수 있다. 어떤 이는 검은 옷으로 애도를 표현하고, 화려한 복장으로 기쁨을 나타내며, 행복감으로 피아노 혹은 바이올린 소리를 울리거나 슬픔으로 우울한 곡조를 연주할 수도 있다. 심지어 그의 방이나 집 전체에, 따뜻한 진심이나 가혹함을 금하는 그의 감정적 상태가 침투할 수 있다. 영혼의 감정은 주변 환경으로 발산되며, 이웃들의 감정 태도에서 받은 인상은 그들의 손짓이나 표정뿐만 아니라 개성의 외부에서 나오는 것일지도 모른다.

이러한 주변 효과는 확실히 예술적 연극을 더 고양시킬 수 있고 또 그래야만 한다. 장면의 모든 무대 설정은 극의 핵심적인 감정과 조화를 이루어야 하며, 연기의 성공은 대부분 완벽한 배경 이미지에서 비롯되는 정서적 인상의 통일성에 기인한다. 그것은 마음에 열정을 불러일으킨다. 최고의 예술적 색감 및 라인하르트 스타일[3]의 무대 효과로부터, 마지막 장면에 부드러운 푸른빛과 음악을 사용하는 가장 경제적인 멜로드라마에 이르기까지, 무대 배치는 친밀한 감정의 이야기를 전해준다. 그러나 배경과 설정, 선과 형태, 움직임을 통해 장면 주변의 매체를 사용하여 느낌을 추가로 표현하는 것만으로도 영화극 예술가는 훨씬 더 많은 것을 수행할 수 있다. 그는 혼자서도 배경과 연기하는 사람의 주변 환경 전체를 순간순간 바꿀 수 있다. 그는 하나의 설정에 얽매이지 않으며, 기술적 어려움 없이 모든 미소와 모든 일그러짐마다 전체 장면을 바꿀 수 있다. 분명 연극의 극장에서도 햇빛과 천둥 구름을 번갈아 보여줄 수 있다. 그러나 그것은 느린 속도로 서투르게, 바로 실제 물체들을 지나가게 하는 방식으로 진행된다. 영화극은 하나에서 다른 장면으로 가볍게 날아간다. 우리를 지구 이쪽에서 저쪽으로, 환희에 찬 장면에서 애도하는 장면으로 옮기는 데 16분의 1초밖에 걸리지 않는다. 상상력을 만들어내기 위해 우리가 눌러볼 수 있는 건반은 모두 이렇게 자연의 감정화를 위해 사용될 수 있다.

한 소녀가 그녀의 작은 방 안에서 편지를 꺼내 읽는다. 클로즈업 장면에서, 한 남성의 손으로 쓴 사랑 표현과 그녀에게 손을 내밀어달라고 부탁하는 문구가 쓰여 있는 편지의 페이지를 우리에게 굳이 보여줄 필요는 없다. 그녀의 빛나는 얼굴과 어딘가에 매료된 듯한 그녀의 팔 동작 및 손동작을 통해 우리는 그것을 읽을 수 있다. 이제 영화극 예술가는 그녀의 영혼 속을 휘몰아치는 감정의 폭풍에 대해 얼마나 더 우리에게 말해줄 수 있을까? 그녀의 작은 방에서 벽이 점점 희미해진다. 주위에 있는 아름다운 산사나무 담장에 꽃이 피고, 장미 덤불이 아름답게 피어오르며, 온 땅이 이국적인 꽃들로 생기를 띠게 된다. 혹은 젊은 예술가가 다락방에 앉아 바이올린을 켠다고 하자. 우리는 활이 현 위로 움직이는 것을 볼 수 있지만, 연주자의 꿈꾸는 듯한 얼굴은 그의 음악에 따라 변하지 않는다. 그가 내는 음정들의 마법 주문 아래에서 그의 모습은 마치 미래를 응시하는 것처럼 움직이지 않는다. 그들은 그의 선율이 일깨우는 감정의 변화에 관해서는 이야기하지 않는다. 우리는 그 음들을 들을 수 없다. 그럼에도 우리는 듣는다. 그의 머리 뒤에서 아름다운 봄 풍경이 펼쳐지고, 우리는 5월의 계곡과 물거품이 이는 시냇물과 어린 야생 너도밤나무를 본다. 그것은 천천히 가을의 슬픔으로 바뀌고, 연주자 주위로 시든 나뭇잎들이 떨어지고, 무거운 구름이 그의 머리 위에 낮게 드리운다. 갑자기 그의 활이 날카로운 악센트를 긋자 폭풍이 몰아치고, 우리는 울퉁불퉁한 거친 바위들이나 요동치는 바다로 옮겨진다. 다시 세상에 평화가 찾아오고, 연주자가 유년기를 보낸 작은 시골 마을이 배경이 되면서 들판에 수확기가 찾아오고 기쁨이 가득한 장면에 태양이 비추어진다. 이제 활이 천천히 미끄러지면서 연주자의 다락방 벽과 천장이 다시 닫히기 시작한다. 어떤 음영도, 어떤 색조, 그가 가졌던 어떤 감정의 색조도 우리에게서 아직 사라지지 않았다. 우리는 마치 기쁨과 슬픔을 들은 것처럼 감정을 따라갔고, 연주자의 폭풍부터 평화까지 선율 가득한 음정을 함께한 것이다. 그러한 상상력이 풍부한 설정은 극단적일 수 있다. 아마도 일반적인 극에는 맞지 않을 것이다. 그러나 표준적인 영화극의 사실적인 이미지에 주변 환경의 반향이 더 약하고 희미할 수 있지만, 실력 있는 극작가는 이 풍부한 기회를 어디에서도 완전히 무시하지 않을 것이다. 초상화 속이라면 인물뿐만 아니라 배경을 포함한 그림 전체가 감정의 충만함으로 채워져야 한다.

지금까지 모든 것은 영화에 등장하는 사람들의 감정과 관련이 있었지만, 이는 충분하지 않을 수 있다. 주의집중과 기억력에 관심을 두었을 때 우리는 영화의 등장인물이 아닌 관객의 주의집중과 기억력에 대해 질문했고, 관객의 심리적 활동과 흥분이 영화에 투사되었음을 인식했다. 바로 이것이 우리 관심의 중심이었던 이유는 극영화 작가가 사용할 수 있는 도구의 독특성을 보여주기 때문이다. 이제 우리가 같은 방식으로 질문을 제기하고 싶다면, 우리는 관객의 감정에 대해 질문해야 한다. 이때 두 가지 경우를 구분해야 한다. 우선 극 중 인물의 감정이 우리 관객에게 전달되는 경우다. 다른 한편으로는 우리가 극 중 장면에 반응하는 감정도 있는데, 이 감정은 극 중 인물이 표현해내는 감정과 완전히 반대일 수도 있다.

첫번째 경우가 훨씬 더 많다. 우리가 보는 감정의 모방은 극에 몰입하도록 생동감과 정서적인 어조를 불러일으킨다. 우리가 고통을 겪는 사람을 동정하는 것은 그가 표현하는 고통이 곧 우리의 고통이 된다는 것을 의미한다. 우리는 행복한 연인의 기쁨과 실의에 빠진 애도자의 슬픔을 함께 나누며, 배신당한 아내의 분개와 위험에 처한 남자의 두려움을 함께 느낀다. 이런 감정의 다양한 표현 방법에 대한 시각적 인식은 표현된 감정에 대한 의식적 인식과 함께 우리 마음 속에서 융합된다. 우리는 감정 자체를 직접 보고 관찰했다고 느낀다. 여기에 생각은 우리 안에서 적절한 반응을 일깨운다. 우리가 보는 공포는 우리를 정말 움츠러들게 하고, 우리가 보는 기쁨은 우리를 이완시켜주며, 우리가 보는 고통은 근육의 수축을 일으킨다. 근육, 관절, 힘줄, 피부, 내장, 혈액순환과 호흡에서 비롯된 모든 감각은 우리 마음의 감정적 반영에 생생한 경험의 색을 부여한다. 이 주도하는 감정 그룹의 경우에는 극중 인물의 감정에 대한 이미지의 관계가, 관객의 감정에 대한 이미지의 관계와 정확히 동일하다는 것이 명백하다. 관객의 감정에서 출발한다면, 우리는 관객이 느끼는 고통과 기쁨이 실제로 화면에 투사되고, 인물의 초상과 함께 개인의 감정이 발산되는 풍경과 배경의 사진에도 모두 투사된다고 말할 수 있다. 따라서 우리가 다른 모든 정신적 상태에 대해 인식한 기본 원리는 관객의 감정 영역에도 마찬가지로 효율적이다.

그러나 관객의 마음에 대한 분석은 두번째 감정 그룹, 즉 관객이 자신의 독립적이고 정서적인 삶의 관점에서 영화의 장면에 반응하는 감정으로 이끌어져야 한다. 우리는 엄숙함의 감정으로 가득찬 위압적이고 거만한 사람을 본다. 그가 우리 안에 일깨우는 것은 오히려 유머의 감정이다. 그에게 우리는 조롱이 섞인 웃음으로 대답한다. 우리는 멜로드라마 형식의 영화극에서 사악한 악의로 가득찬 악당을 보지만 그의 감정을 모방하여 반응하지는 않는다. 우리는 그의 인격에 대해 도덕적 분개를 느끼는 것이다. 벼랑 끝에서 열매를 따고 있는 아이가 마지막 순간에 주인공이 구해주지 않는다면 자신이 추락해버리리라는 것을 모르는 상태로 기뻐하며 웃는 모습을 본다. 물론 우리는 아이의 기쁨도 함께 느낀다. 그렇지 않으면 우리는 그의 행동을 이해할 수조차 없을 것이다. 하지만 우리는 기쁨보다 그 아이 자신은 나타내지 않는 두려움과 공포를 더 크게 느낀다. 지금까지 극영화 예술가들은 관객이 사건에 스스로 덧붙여야 하는 두번째 그룹의 감정을 스크린에 투사하려고 그다지 시도하지 않았다. 단지 잠정적인 암시 정도만 있었을 뿐이다. 관객의 열광, 반감 또는 분개는 빛과 음영, 일련의 풍경으로 표출된다. 여기에는 여전히 풍부한 가능성이 있다. 영화극은 2차적인 감정과 관련하여 아직 자신의 진가를 발휘하지 못했다. 그것은 연극 무대의 모델로부터 충분히 해방되지 않았다. 그 감정은 물론 연극 극장의 객석에서도 생기지만 연극 무대는 그것을 체화할 수 없다. 오페라에서는 오케스트라가 그것을 상징화할 수 있다. 사건의 물리적인 연속성에 얽매이지 않고 오직 이미지의 반영만 제공하는 영화극에는 이렇게 우리 자신 안에서 태도를 표현할 수 있는 무한한 장이 있는 것이다.

우리가 실제 외부세계의 시각적 표현만을 생각하는 한, 이 분야의 광범위한 확장과 영상 속 감정적 가능성의 다양성은 충분히 특성화되지 않는다. 영화의 카메라맨들은 세계의 사건과 모든 경이로움을 촬영했으며 바다 밑바닥부터 구름 위까지 올라갔다. 그들은 정글과 북극 얼음 밑에 있는 야생동물들을 놀라게 했고, 가장 발달하지 않은 지역의 원주민들과 살아보기도 했으며, 우리 시대의 가장 위대한 사람들을 장면 속에 담아냈다. 그들은 항상 새로운 감각의 공급이 고갈될까 두려워한다. 그들은 지금까지 아직 건드려지지 않은 새로운 인상의 무궁무진한 보고를 마음대로 사용할 수 있다는 사실을 직시하지 않고 있다. 빠른 연속을 통해 볼 수 있는 장면들에는 물질적인 측면과 형식적인 측면이 있다. 물질적인 측면은 우리에게 보이는 내용물에 의해 통제된다. 하지만 형식적인 측면은 내용물이 보이는 외부적 조건에 의존한다. 일반적인 사진도 우리는 두 가지로 구분짓는 데 익숙하다. 즉 하나는 모든 세부사항이 선명한 사진이고 다른 하나는 더 예술적인 경우로서, 모든 것이 다소 흐릿하고 선명하지 않

으며 날카로운 윤곽선을 피한 사진이다. 이러한 형식적 측면은 같은
풍경이나 인물을 여러 명의 다른 화가들이 그린 것을 볼 때 잘 드러난
다. 각자는 자신만의 스타일을 가지고 있다. 또다른 근본적인 요소에
대해 말해보면 같은 사진들의 연속이 우리에게 느린 연속으로 보여
질 수도 있고 크랭크가 빠르게 전환되며 보여질 수도 있다. 같은 거
리의 장면이지만 어떤 경우에는 거리 위의 모든 사람이 한가롭게 걸
어다니는 장면으로 보여질 수도 있고, 다른 경우에는 급하게 서두르
는 장면으로 보여질 수도 있다. 시간적인 양식 이외에는 아무것도 바
뀐 것이 없다. 또한 선명한 이미지에서 흐릿한 이미지로 넘어갈 때
특정한 공간적 형식 외에는 아무것도 변하지 않는다. 내용은 동일하
게 유지되는 것이다.

우리가 보이는 것의 형식적인 측면에 관심을 두자마자 우리는
연극의 세계에 있는 그 어떤 것과도 일치되지 않는, 영화극만의 가능
성을 여기에서 보유하고 있음을 인식해야 한다. 우리가 진동 효과를
만들고 싶다고 가정해보자. 우리는 카메라가 찍은 그대로 1초에 16
장의 이미지를 사용할 수도 있다. 하지만 스크린 위에 재현할 때 우
리는 이미지들의 순서를 바꾼다. 첫 4장의 사진들을 보여준 후 다시
3번 사진으로 돌아가고, 다음에 4, 5, 6번 사진을 보여준 후 다시 5번
으로 돌아가고, 6, 7, 8번 사진을 보여준 후 다시 7번으로 돌아가는 방
식으로 말이다. 물론 다른 식의 리듬도 마찬가지로 가능하다. 그 효
과는 자연에서 절대 일어나지 않으며 연극의 무대에서 생산될 수 없
는 것이다. 사건들은 잠시 뒤로 이동한다. 특정한 진동이 오케스트라
의 트레몰로처럼 세상을 관통하는 것이다. 또한 우리는 카메라에 더
어려운 기술을 요구하기도 한다. 우리는 카메라 자체를 약간 흔들리
는 지지대에 올려놓고 모든 지점이 이상한 곡선 형태로 움직이게 하
고 동작 또한 언캐니한 소용돌이 특성을 취하도록 한다. 내용은 여전
히 정상적인 조건에서와 동일하게 유지되지만, 이러한 형식적인 재

현의 변화는 감정적 배경의 새로운 음영을 생성하는 특이한 감각을 관객의 마음에 제공한다.

물론 눈에 들어오는 인상은 처음에 감각만 일깨울 수 있으며 감각은 감정이 아니다. 하지만 잘 알려져 있듯이, 현대 생리심리학의 관점에서 본다면 우리 감정의 의식은 신체 기관에서 발생하는 감각에 의해 형성되고 표시된다. 이러한 비정상적인 시각적 인상이 의식 속으로 유입되는 순간, 융합된 신체 감각의 배경 전체가 바뀌고 새로운 감정이 우리를 사로잡는 것으로 보인다. 우리는 스크린을 통해 의사의 진료실에서 눈을 감고 누운 상태로 최면에 빠진 남자를 본다. 이 환자의 어떠한 특징도 그의 감정 상태를 보여주지 않고 아무것도 우리에게 발산되지 않는다. 그러나 이제 의사와 환자만 바뀌지 않고 그대로 있고, 방 안에 있는 모든 것이 처음에는 떨리기 시작하다가 흔들리고 점점 더 빠르게 형태가 바뀌어 현기증이 엄습하고 기괴한 느낌이 든다면, 부자연스럽고 무시무시한 것이 최면에 걸린 사람의 주변 전체를 압도하고 우리 자신도 이상한 감정에 사로잡힌다. 카메라 작업의 이러한 가능성은 여전히 전적으로 미래에 속하기 때문에 여기서 더 자세히 설명할 필요는 없을 것이다. 영화극 전체가 연극의 하위적인 모방에서 비롯되어 서서히 고유의 예술적 방법을 찾기 시작했다는 것을 기억한다면 그럴 수밖에 없다. 영화극 예술가들이 그동안 소홀히 여겨졌던 이 부분에 주목하는 순간 이미지 재현의 형식적 변화가 엄청나게 많아질 것이라는 데는 의심의 여지가 없다.

감정 표현을 위한 이러한 형식적 변화의 가치는 놀랄 만하다. 오늘날 말로 표현될 수 없는 많은 태도와 감정의 특징이 카메라의 섬세한 예술을 통해 관객의 마음에 일깨워질 것이다.

# 2부

# 영화극의 미학

제7장 예술의 목적

지금까지 영화극의 관객이 관람할 때 가장 강하게 일어나는 정신 작용들을 분석해보았다. 또한 영사막 위의 영상을 지각하는 행위 및 겉보기에 입체적인 듯이 보이는 영상의 특성, 영상의 조형성, 영상의 피상적 움직임을 지각하는 행위를 살펴보았다. 더불어 지각한 인상에 대해 반응하는 심리적 행위에 관하여 고찰했다. 전면에 부각된 것은 주의집중이었고, 이와 함께 연상과 기억, 상상, 암시의 관점에서 영화극을 다뤘으며 무엇보다 관심의 분배라는 문제를 추적했다. 마지막으로 우리는 극에 수반되는 정서와 감정에 관하여 이야기했다. 확실히 이 모든 것은 우리가 영화의 드라마를 목격할 때 우리 마음에 일어나는 정신 반응의 전부는 아니다. 예컨대 이야기의 줄거리나 사회적인 배경이 우리 영혼에 일으킬 수 있는 작용 같은 것에 관해서는 아직 논하지 않았다. 가난한 사람들의 고통, 약한 사람들을 범죄의 길로 몰아넣을 수 있는 불의, 그리고 수백 가지의 다른 사회적 동기는 영화극을 통해 우리에게 깊은 인상을 줄 수 있다. 인간 사회, 법과 개혁, 인간의 격차와 인간의 운명에 관한 생각이 우리 마음을 벅

차오르게 할 수도 있다. 그럼에도 이는 여전히 움직이는 영상 특유의 기능은 아니다. 우리 삶에서 실제로 일어나는 사건들에 관하여 무언가를 듣거나 관련 신문 기사를 읽었을 때도 초래될 수 있는 부수적인 효과라고 볼 수 있다. 지금까지 모든 논의에서 우리는 또다른 정신적 과정, 즉 미학적 감정을 언급하지 않았다. 극의 줄거리로 인해 고취되는 정서에 대해서는 언급한 바가 있으며, 우리는 어떤 장면 속의 인물들과 공감하거나 그들의 아픔과 기쁨을 함께 나누게 하는 정서를 이야기했다. 이와는 달리 극중 인물의 행동에 대해 우리가 독자적인 정신 태도를 취할 수 있는 또다른 그룹에 속한 감정도 논의했다. 그러나 확실히 우리가 아직 고려하지 않은 세번째 그룹의 정서와 감정이 있는데, 즉 극을 통해 얻는 기쁨, 미학적 만족과 불만이 그것이다. 이러한 그룹의 감정 연구는 심미적 과정 자체의 논의를 포함하기 때문에 의도적으로 지금까지 배제했는데, 모든 미학적 문제는 이제 시작되는 연구의 2부에서 다루게 될 것이다.

만일 우리가 영화극의 아름다움에 관련된 쾌감 혹은 불쾌감의 문제를 간과하고 단지 지각, 주의집중, 관심, 기억, 상상, 암시, 그리고 지금까지 분석해온 수준의 정서만을 숙고한다면 어디에서나 같은 결론에 이르게 될 것이다. 마치 하나의 일반적인 원칙이 관중의 정신 메커니즘 전체를 제어하는 것처럼, 아니 더 정확히 말하면 정신의 메커니즘과 스크린 위 이미지의 관계를 제어하는 것처럼 말이다. 우리는 모든 경우에 외부의 사건이 속한 객관적인 세계란 정신의 주관적인 움직임에 맞춰 조율될 때까지 형성되고 주조되어왔다고 인정했다. 정신은 기억의 생각과 상상의 생각을 발달시킨다. 이것들은 움직이는 영상 속에서 현실이 된다. 정신은 주의집중 행위를 할 때 특정 세부 사항에 집중되어 있다. 이러한 내부 상태는 움직이는 영상의 클로즈업을 통해 객관화된다. 정신은 감정으로 가득차 있다. 그리고 전체 풍경이 카메라를 통해 이러한 감정에 공명한다. 정신의 가장 객관적인 요인이라고 할 수 있는 지각에서조차 우리는 이 독특한 진동을 발견할 수 있다. 우리는 움직임을 지각한다. 그럼에도 우리는 외부세계 과정으로서 독립적인 특성을 갖지 않는 어떤 것으로 그것을 인식한다. 왜냐하면 우리의 정신이 빠르게 뒤이어 나타나는 개별적인 이미지들을 통해 그 움직임을 구축했기 때문이다. 우리는 사물을 조형적인 입체로 구성하여 지각한다. 이번에도 역시 이러한 입체성은 외부세계의 것이 아니다. 우리는 그것의 비실재성과 인상의 회화적 평면성을 알고 있다.

이 모든 특징 안에서 실제 연극의 무대가 주는 정신적인 인상과 이루는 대조는 분명하다. 연극의 극장에서 우리는 매 순간 우리 앞에 있는 조형적인 진짜 인간을 보며 그들이 걷고 말할 때 실제로 움직인다는 것을 알고 있다. 또한 우리의 주의가 이런저런 세부 사항에 집중할 때나 과거의 사건을 다시 기억할 때, 우리의 상상이 문득 떠오른 환상과 감정으로 그러한 기억을 둘러쌀 때, 그것은 극의 일부가 아닌 우리 고유의 행위라는 것을 안다. 이제 여기서 우리는 미학적 비교로 향하는 명확한 출발점을 세울 수 있을 것 같다. 만일 우리가 불가피하게 '영화극은 어떤 지점에서 연극과 비교될 수 있는가'라는 질문을 제기한다면 우리는 이미 미학적 판단을 구성하기 위한 재료를 충분히 확보하고 있다. 판정에 의심의 여지는 거의 없다. '예술은 자연의 모방'이라고 말하지 않아야 하는가? 연극은 무대 위에서 실제 삶의 진정한 모방을 보여줄 수 있다. 장면은 외부세계 어느 곳에서나 일어나는 것처럼 전개된다. 진짜 입체적 형태를 지닌, 살과 피로 된 인간들이 우리 앞에 서 있다. 그들은 주변에서 볼 수 있는 여느 움직이는 몸과 같이 움직인다. 그뿐만 아니라 무대 위에서 일어나는 일은 우리 삶에서 일어나는 일처럼 우리의 주관적인 주의집중과 기억, 상상으로부터 독립되어 있다. 그들은 객관적인 길을 가고 있다. 이렇게 연극이 인간 세계에 대한 모방이라는 목적에 근접해 있는 만큼 연극과 영화극의 비교는 영화가 예술로서 거의 참패임을 암시하는 것과 같다. 세계를 이루는 색채가 사라지고, 사람들은 말하지 못하며, 귀에는 아무런 소리도 들리지 않는다. 장면의 입체성은 비현실적으로 나타나고 움직임은 자연스러운 특성을 잃어버린다. 최악은 사건의 객관적인 진행이 조작된다는 점이다. 우리의 고유한 주의집중과 기억, 상상은 자연이 절대로 보여주지 않는 방식으로 사건을 보게 될 때까지 사건을 이동시키고 개조했다. 우리가 실제로 보는 것은 예컨대 연극이 우리에게 선사하는 것과 같은 세계의 모방이라고 불리기는 더는 힘들 것이다.

그래포폰Graphophone[1]이 베토벤의 교향곡을 반복 재생할 때 오케스트라의 풍만감은 가늘고 허약한 표면음으로 축소된다. 원반 디스크와 진동판의 산물을 진짜 오케스트라 연주의 온전한 대체물로 받아들이는 사람은 아무도 없을 것이다. 그럼에도 결국 모든 악기가 실제로 재현되고, 우리는 여전히 원본에서 나타나는 바이올린과 첼로, 플루트를 정확히 동일한 순서로 구별할 수 있으며 음조와 리듬의 관계도 식별할 수 있다. 그런 의미에서 그래포폰 음악이 오케스트라를 대체하는 것은 영화가 연극의 대용물이 되는 것에 비해 훨씬 적합한 것으로 나타난다. 거기서는 거의 모든 필수 요소들이 보존되는 것 같다. 그러나 영화극에서는 필수 요소가 상실된 듯 보이고, 최대한의 현실성으로 삶을 모방하려는 무대극의 목표는 영화극의 평면적이고 색이 없는 이미지 너머로 절망적으로 보여진다. 석고상은 대리석상의 정당한 대용물이다. 석고상은 아름다운 대리석 작품과 같은 형식을 공유하고 대리석상과 같이 살아 있는 인간의 몸을 모방한다. 게다가 이 기계적인 과정의 산물은 조각가의 원본 작품과 같은 색상인 흰색이다. 이러한 이유로 우리는 그것을 조형 예술작품의 공정한 접근으로서 인정해야 할 것이다. 마찬가지로 크로모 인쇄chromo print[2]는 유화의 필수 요소들을 제공한다. 어디에서나 기술적인 과정은 최고의 예술가가 만들어낸 작품과 거의 흡사하게 들리거나 보이는 예술작품의 복제를 확보한 반면, 연극 공연의 기술을 재현하려는 영화의 시도만 배우의 예술 뒤로 완전히 뒤처져 있다. 이러한 거부에 대한 심미적 판단은 훌륭한 취향이나 냉철한 비평에 의해 요구되는 것이 아닐까? 우리가 아마도 영화극을 용인하는 이유는 공연을 무제한으로 증식시킬 수 있는 저렴한 기술적 방법으로 실제 배우를 볼 여유가 없는 대중에게 최소한 극장의 그림자라도 보여주기 때문일지도 모른다. 그러니 교양 있는 정신을 가진 사람이라면 실제 무대가 지닌 필수 요소들을 제공하는 데 완전히 실패한 영화보다는, 차라리 석고상과 크로모 인쇄, 그래포폰 음악을 좀더 즐길지도 모르겠다.

우리는 지금까지 이런 식의 메시지를 계속 들어왔고, 이는 말로 분명하게 표현되지 않았더라도 예술과 진지한 관계를 맺었던 사람들의 마음속에 분명 오랜 시간 남아 있었을 것이다. 가장 최근 몇 년간 영화극 예술가의 보다 야심에 찬 노력에 감사하더라도, 오늘날에도 이러한 생각은 여전히 많은 사람들 사이에 널리 퍼져 있는 듯하다. 비싸지 않은 오락을 제공하는 박애주의적인 즐거움과, 최근 어느 정도 진전이 있었다는 인식은 이러한 미적 상황을 완화시키는 것처럼 보이지만, 여론의 핵심은 동일하게 유지된다. 영화는 진짜 예술이 아니라는 것이다.

대단히 복잡한 이 문제에 관한 모든 논쟁과 성급한 정리는 근본적으로 잘못되었다. 그것은 예술의 목적과 목표에 관한 전적인 오인에 기초하고 있다. 만일 이 사회에서 그런 잘못된 관념이 폐기되고 영화에 관한 올바른 이해가 확실하게 자리 잡는다면, 누구도 크로모 인쇄나 그래포폰, 석고상이 그저 필수적인 예술 요소 외의 것들을 생략한 값싼 대용품에 불과하다는 것, 따라서 엄밀한 예술적 취향의 관점에서는 궁극적으로 불만족스러울 수밖에 없음을 의심하지 않았을 것이다. 또한 영화극과 연극은 완전히 다른 것이며, 그 차이는 전적으로 영화극에 유리하다는 점을 모두가 동시에 인식할 것이다. 영화는 연극의 모조품이 아니며 모조품이 되어서도 안된다. 영화는 연극의 미학적 가치를 제공할 수 없다. 그러나 연극 역시 영화극이 지닌 미학적 가치를 제공할 수 없다. 영화의 부상과 함께 자기 자신의 삶의 조건을 개발해야만 하는 완전히 독립적인 예술이 등장했다. 만일 우리가 앞서 언급한 예술에 관한 대중적인 판단이 옳다면 영화는 완벽한 실패작일 것이다. 그러나 그 판단은 처음부터 끝까지 잘못되었으며, 이것이 마치 조각과 회화가 다르고 가사와 악곡이 다른 것처럼 무대와 영사막이 근본적인 차이가 있다는 것을 인식할 수 있는 통찰로 나아가는 길을 막아서는 안 된다. 무대극과 영화극은 서로 조화를 이룰 수 있는 두 가지 예술이며, 각각은 그 자체로 완벽하게 가치가 있다. 하나는 다른 하나를 대체할 수 없다. 하나가 다른 하나에 비추어 드러나는 단점은, 하나는 오백 년의 역사가 있고 다른 하나는 십오 년의 역사가 있다는 사실만을 단지 반영할 뿐이다. 바로 이것이 우리가 증명하고자 하는 논지이며, 이를 위한 첫 단계는 다음과 같은 질문이다. "만일 현실을 모방하는 것이 목적이 아니라면, 예술의 목적은 과연 무엇일까?"

예술 창작물의 장을 유심히 관찰해본다면, 예술이 자연을 모방해야 한다는 주장, 아니 그보다도 모방이 예술의 정수라는 주장이 성립할 것인가? 그 주장에는 모방이라는 이상에 근접할수록 예술적 가치가 더 위대하리라는 기대가 포함되어 있던 것은 아니었을까? 그렇다면 원본과 똑같이 닮은 완벽한 모사품은 우리에게 가장 지고한 예술을 제공할 것이다. 그러나 예술사의 모든 페이지는 우리에게 정반대라고 말해준다. 우리는 대리석상에 찬사를 보내지만 채색된 밀랍인물상은 예술성이 떨어진다며 경멸한다. 전시관의 방문객이 쉽게 속아 난간에 기대어 있는 밀랍인형에게 정보를 물어볼 정도로 실제 사람과 완전히 똑같이 보이는 채색 밀랍인형을 만드는 데는 큰 어려움이 없다. 반면, 균일하게 흰 표면을 지닌 석고상과 실제 인물 사이에는 얼마나 큰 차이가 있는가! 그것은 결코 우리를 속일 수 없으며 모조품으로서는 분명한 실패작이다. 회화는 다른가? 색채의 측면에서 회화는 현실 세계의 원본과 상당히 비슷할지 모르지만, 대리석상과 달리 회화에는 입체성이 빠져 있고 평평한 표면 위에 자연을 나타낸다. 이번에도 우리는 절대로 속을 수 없거니와 회화 앞에서 우리가 한순간 현실 세계 앞에 놓여 있다고 믿게 만드는 것이 화가의 목표도 아니다. 또한 조각가나 화가가 우리에게 전체 인물의 모습 대신 흉상 조각이나 두상 그림을 제공할 때 작품의 가치가 떨어지는 것은 아니지만, 실제 세계에서 우리는 흉부까지만 존재하는 인간 신체를 본 적이 없다. 우리는 회화 못지않은 섬세한 금속판화에 감탄한다. 그러나 금속판화에는 조각의 조형적 효과도 없고 회화의 색채도 없다. 실제 모형이 지닌 필수적인 특징이 모두 빠져 있다. 모사품으로서는 참혹한 실패작이다. 서정시에는 무엇이 모방되어 있는가? 우리는 이천 년이 넘는 세월 동안 시의 운율에 맞춘 언어의 리듬을 통해 인물들이 말하게 하는 위대한 극작가들의 작품을 감상해왔다. 모든 약강격 운문은 현실의 일탈이다. 그러나 만일 그것이 정말로 자연을 모방하고자 했다면, 안티고네나 햄릿은 일상적인 산문으로 말했을 것이다. 아름다운 아치형 혹은 돔형의 구조물, 건물의 탑은 현실의 어느 부분을 모방하는가? 그 건축적 가치는 자연과의 유사성에 의존하는가? 아니면 음악의 선율이나 화음이 우리를 둘러싸고 있는 세계에 대한 모방을 제공하는가?

문학이나 음악, 회화나 조각, 장식예술이나 건축에서 진정한 예술작품의 정신적인 영향을 편견 없이 조사할 때마다 우리는 중심적인 미적 가치가 모방의 정신과 직접적으로 반대된다는 것을 발견한다. 예술작품은 우리에게 현실에 대한 흥미를 일깨우고, 현실의 특성을 담고 있는 것에서 출발할 수 있으며 또 거기에서 출발해야 한다. 이러한 의미에서 예술작품은 모방을 피할 수 없다. 그러나 그것은 마 ' 침내 현실을 극복하고, 모방을 멈추고, 모방된 현실을 등져야만 예술 이 된다. 현실을 모방하는 것이 아니라 세상을 변화시키고, 그중에 서 새로운 목적을 위해 특장점을 선택하고, 세상을 재주조해야 예술 적인 것이다. 또 이를 통해 진짜로 창의적인 것이 된다. 세상을 모방 하는 것은 기계적인 과정이다. 아름다운 것이 되도록 세상을 변화시 키는 것이 예술의 목적이다. 가장 높은 수준의 예술은 현실에서 가장 멀리 떨어진 것일 수 있다.

이러한 현실 선택의 과정이 아름다운 요소는 간직하고 아름답 지 않은 요소는 생략하고 제거하는 것을 의미한다고 말할 수는 없다. 다시 말하면, 이것은 전혀 예술의 최소한의 특성이 아니지만, 대중의 의견은 종종 예술이 모방으로 구성되어 있다는 피상적인 생각을 다 른 생각과 연결하고자 한다. 심미적 가치가 선택한 재료의 아름다움 에 달려 있다는 것은 사실이 아니다. 렘브란트가 그렸던 남성과 여성 은 아름다운 사람들이 아니었다. 가장 못생긴 여인이 가장 아름다운 미술 작품의 대상이 될 수도 있다. 흔히 말해지는 아름다운 풍경이 아름다운 풍경화의 대상이 될 수도 있다. 하지만 이런 예쁜 풍경은 애호가들의 마음에만 들 확률이 더 높다. 진정한 예술가는 자기 작품 의 진실한 가치가 대상물의 아름다움과는 별개라는 점을 안다. 그는 진흙탕 시골길이나 더러운 도시의 거리나 하찮은 작은 연못이 불멸 의 그림의 소재가 될 수 있음을 알고 있다. 문학작품을 쓰는 예술가 들은 그 자체만으로도 아름다운 장면이나 우리가 살고 싶은 삶의 장 면, 혹은 행복과 기쁨으로 빛나는 장면만을 선택하지 않는다. 그들은 삶의 풍경에서 영혼의 평화를 방해하는 장면과 혐오스럽고 추하며 부도덕한 장면을 제거하지 않는다. 모든 위대한 문학작품은 우리에 게 밝은 것 옆에 있는 어두운 삶의 그림자를 보여준다. 그들은 기쁨만큼이나 자주 불행과 고통을 이야기한다. 우리는 시인들과 함께 고통을 나누었고, 훌륭한 교향곡에는 삶의 감정을 표현하는 작곡가의 비애와 비극이 가득했다. 진정한 예술은 항상 선별된 모음집이었지만, 현실의 아름다운 요소만 선별한 모음집인 적은 없었다.

그러나 미학적 가치가 현실에 대한 모방적 접근과 불쾌한 요소의 제거, 또는 유쾌한 특성의 수집 및 추가와 무관하다면, 예술가가 자신의 창작에서 진정으로 선택하고 결합하는 것은 무엇인가? 그는 세상을 어떻게 만들어내는가? 예술적 기질과 상상력에 의해 주조된 자연의 모습은 어떠할까? 판화가가 바늘로 스케치하면 진짜 풍경에서 어떤 요소가 남을까? 서정시인이 운율이 있는 몇 개의 연으로 삶의 비극적인 사건을 재구성했을 때 남는 요소는 무엇일까? 다른 종류의 재구성 과정과 비교해보면 우리는 더 쉽게 특징을 인지할 수 있을 것이다. 화가가 스케치하는 동일한 풍경, 서정 시인이 자신의 시에서 해석하는 동일한 역사적 사건은 인간의 마음속에서 완전히 다르게 이해될 수 있다. 학자의 과학적 작업에 대해 생각해보면 될 것이다. 그도 판화가가 만들어낸 풍경에 지대한 관심이 있을 수도 있다. 폭풍에 부서진 바위 끝에 있는 나무, 절벽 아래 있는 바다와 하얀 거품을 내며 부서지는 파도에 관해서 말이다. 그도 링컨의 비극적 죽음에 몰두해 있다. 하지만 학자의 태도는 어떠한가? 풍경이나 역사적 사건을 재현하는 것이 그의 목표일까? 분명히 아니다. 과학과 학문, 지식 일반의 의미를 단순히 현실에서 특수한 사실을 반복하려는 것이 목적이라고 여긴다면 완전히 오해일 것이다. 과학자는 사실을 설명하려고 노력하며, 심지어 묘사조차도 그의 설명을 뒷받침하기 위한 것이다. 그는 절벽 위의 나무를 보고 해부학적 구조에 관심을 보인다. 그는 현미경으로 나뭇가지의 세포들을 관찰하고, 다음으로 나무의 성장과 싹일 때부터의 성장 과정에 관해 설명할 것이다. 나뭇가지들을 휘몰아치는 폭풍은 과학자에게 나무가 부러진 원인을 찾고 싶은 물리학적 과정일 뿐이다. 바다는 그에게 실험실에서 화학적 원소로 분해하고 지구 표면의 지질학적 변화를 추적해 설명하는 물질이다.

요약하자면 과학자는 특정 대상에만 관심이 있는 것이 아니라, 전체 우주와 대상이 맺는 관계에 관심이 있다. 그는 모든 곳에서 유효한 일반 법칙들에 근거하여 사건을 설명한다. 각각의 진행과 운동은 그에 의해 원인과 결과의 끝없는 사슬로 연결된다. 그는 모든 개별 인상을 사건의 총체와 연결하고, 특수한 것에서 일반적인 것을 찾고, 주어진 사실을 원자적 우주의 과학적 도식으로 변환하는 경험을 분명히 재구성한다. 이것은 역사적 사건도 다르지 않다. 역사학자들에게 링컨의 죽음이 남북전쟁의 전반적인 역사와 관계가 없다면, 나아가 그것이 미국의 전체 발전의 결과로 이해되지 않는다면 별 의미가 없을 것이다. 또한 현대사 전체를 배경으로 보지 않고 미국 민주주의를 건설한 국가 철학의 사상을 이전 세기 유럽 정치사상의 전체와 연결하여 파악하지 않는 한, 누가 미국의 성장을 이해할 수 있겠는가? 학자는 자연적, 사회적 사건에 관심을 보이지만, 파도, 나무, 사람들에도 관심을 가질 수 있다. 세상의 모든 과정과 행동은 다른 사건이나 사물과 연관이 있어야만 그의 관심을 끌 수 있다. 그가 표시하는 모든 지점은 셀 수 없이 많은 관계들의 교점이다. 학문적 지식의 의미에서 사실을 파악한다는 것은 모든 연결 속에서 그것을 살피는 것을 의미한다. 학자의 일은 자신이 깨달은 사실을 그냥 유지하고 있는 것이 아니다. 학자의 작업은 과학이나 역사에서 상호 관련된 사실의 완전한 체계가 확립될 때까지 연결을 추적하여 자신의 가설로 보완하는 것이다.

이제 우리는 예술가의 특징적 기능에 대해 인지할 준비가 되었다. 예술가는 학자가 목표하는 것과 정확히 반대되는 일을 한다. 둘다 자신의 이상적인 목표를 위해 주어진 사물이나 사건을 변화시키고 재구성한다. 하지만 아름다움과 예술의 이상적 목표는 학문적 지식과 완전히 다르다. 학자는 연관성을 설정하는데, 연관성 안에서 특수한 것들이 분리의 모든 특성을 잃어버린다. 그는 대상을 물리적이고 사회적인 보편성의 나머지 것들과 모두 묶어버린다. 반대로 예술가는 가능한 모든 연결을 끊는다. 그는 주변 세계와 모든 가능한 연결이 끊어지도록 그의 풍경을 프레임 안에 넣는다. 그는 받침대 위에 자신의 조각품을 올려놓음으로써 그것이 방 안의 주변 환경들로 흩어질 수 없게 만든다. 그는 자신의 사람들에게 시로 말하게 함으로써 일상적 소통을 할 수 없게 만든다. 그는 마지막 장 이후에 어떤 일도 일어날 수 없도록 자신의 이야기를 들려준다. 예술작품은 그 자체로 완벽하게 완성된 사물과 사건을 보여주며, 자신의 한계를 넘어서는 모든 연결로부터 해방 즉 완전한 고립 상태를 보여준다.

학자가 발견하는 진실도 예술가가 창조하는 아름다움도 모두 가치 있다. 하지만 이제 두 경우 모두 가치가 현실 제공의 단순한 반복에 있지 않다는 것이 명백해졌다. 세상에 존재하는 것에 대한 단순한 모방이나 반복을 감상할 이유는 없다. 학자나 예술가 모두 자연이나 역사보다 더 잘할 수는 없다. 두 경우 다 가치는 인간의 바람과 이상을 위해 현실에서 일탈하는 데 있다. 학자의 바람과 이상은 모든 것과 연결되어 모든 것을 이해하는 상호 연결된 세계를 우리에게 제공하는 것이다. 한편 예술가의 바람과 이상은 가능한 모든 예술이 세상의 연결에서 벗어나 그 자체로 우리 앞에 있는 완전한 것을 우리에게 제공하는 것이다. 외부 세상의 사물은 자연, 역사와 몇천 가지 관계를 맺고 있다. 사물은 이러한 결속에서 해방될 때 아름다워지며, 이 결과를 확보하기 위해서는 현실의 배경에서 벗어나 자연의 인과관계에 얽매여 있는 실제 사물과는 확연히 다른 형태로 재생산해야 한다.

　이것이 왜 우리를 만족시킬까? 세상과의 모든 연결에서 벗어난 자연 혹은 삶의 일부를 가지는 것이 왜 가치가 높은 것일까? 실생활에서는 거의 제공되지 않으며, 예술만이 완전한 완벽함을 제공할 수 있는 완전한 고립 상태를 보는 것이 왜 우리를 행복하게 하는가? 우리가 학자의 산물을 평가하는 동기는 쉽게 인식될 수 있다. 그는 연결을 목표로 한다. 그는 관계성이 등장할 때까지 세상을 계속해서 재형성한다. 왜냐하면 그것이 모든 사건의 결과를 예측할 수 있게 해주고, 현실적인 업적으로 사용할 수 있도록 자연을 제어할 수 있게 해주기 때문이다. 그렇다면 우리는 왜 이와 정반대의 일을 하는 예술가의 작업에 대해서도 마찬가지로 감사하는가? 예술작품을 즐기는 일이 고립된 경험과의 접촉을 통해 완벽한 행복을 느끼는 것이기 때문이라고 대답하지 않을까? 우리가 인생이나 자연에서 마주하는 모든 것은 우리 안에 욕망과 어떤 행동에 대한 충동, 대답해야 하는 제안이나 질문을 불러일으킨다. 인생은 추구의 연속이다. 아무것도 그것 자체가 끝인 것은 없으며, 완전한 휴식의 원천이 되는 것도 없다. 모든 것은 새로운 소망을 위한 자극제다. 그것은 새로운 만족을 원함과 동시에 새로운 불안을 만드는 원천이며, 이런 식으로 계속 이어진다. 인생은 우리를 앞으로 떠민다. 그러나 때때로 자연의 손길을 받을 때도 있다. 우리는 많은 충동을 일깨우지만, 그 자체로 이 모든 충동에 만족을 주는 삶의 전율에 감동한다. 그것은 그 자체를 넘어서는 것이 아니라 그 안에서 질문에 답하고 욕망을 잠잠하게 만드는 모든 것을 포함한다.

　그러한 자연의 산물을 볼 수 있는 곳을 우리는 아름답다고 부른다. 우리는 아름다운 풍경이나 아름다운 얼굴에 대해 말한다. 인생에서 그것과 마주치는 곳에서 우리는 언제나 사랑이나 우정, 평화, 조화로움에 대해 말한다. 조화로움이라는 단어는 심지어 자연과 인생을 모두 포함할 수 있다. 풍경의 모든 선, 모든 곡선, 모든 색상, 모든 움직임이 다른 모든 것과 조화를 이루고, 또 한 사람이 제시하는 제 안을 다른 제안으로 만족시키는 곳은 어디나 완벽하고, 우리는 그 안에서 온전히 행복하다. 인생의 사랑, 우정, 그리고 평화의 관계는 생각과 감정과 의지의 조화로 나타나는데, 이로 인해 모든 욕구가 충족될 수 있다. 우리의 마음이 흠잡을 데 없이 조화를 이루고 있다면 우리는 진정한 삶의 행복을 느낄 것이다. 같은 경험 속에서 제안하는 것은 모두 성취할 때, 아무것도 그 이상을 가리키지 않고 모든 것이 제공 자체로 완벽한 곳에서, 모든 부분이 다른 부분의 요구를 완전히 충족시키는 그러한 조화는 무한한 행복의 원천이 될 것이 틀림없다. 자연과 인생 각각이 자신의 외부로 나가지 않으면서 자신의 부분들과 조화를 이루고, 궁극적인 화합을 유도하여 완벽한 조화를 이루도록 변화시키려는 것이 예술가가 홀로 이루어내는 고립isolation의 목표다. 고군분투하며 인생을 사는 우리에게 아름다운 풍경이나 조화로운 삶의 관계가 주는 평안함의 행복은 영원한 기쁨을 확보해준다. 그것은 바로 화가나 조각가, 극작가, 시인, 작곡가 혹은 영화의 극작가가 자연과 인생을 재구성하여 그 외부로 벗어나는 것이 아니라 그 자체로 완벽하게 조화로운 것을 보여줄 때 확보된다.

## 제8장 다양한 예술의 수단

우리는 모든 예술적 창조의 기저를 이루는 목표를 탐색했고, 이 과정에서 우리의 특수한 문제인 영화극의 예술과 멀어 보이는 길까지 이끌려왔다. 그러나 사실은 우리는 꾸준히 그것에 접근하는 중이다. 영화의 심미적 가치와 의의에 관한 결정에 도달하기 위해서 다른 방법이 없기 때문에 우리는 먼 길을 돌아와야 했다. 영화예술과 연극예술의 상대적 지위를 인식하려면 예술 일반이 무엇을 목표로 하는지를 명확히 보아야 한다. 만일 영화극의 가치가 실제 연극의 기준에 근접한 정도로 측정되고 연극 극장의 임무는 삶을 가능한 한 가깝게 모방하는 것이라는 대중적인 생각을 피상적으로 받아들인다면, 영화에 대한 심미적 비난은 피할 수 없다. 그렇다면 스크린 위의 이미지는 모든 면에서 무대의 실제 공연보다 훨씬 뒤처진다고 할 수 있다. 그러나 극예술을 비롯한 예술의 목적이 삶의 모방이 아니라 현실과 전혀 다른 방식에 의한 삶의 재설정임을 알게 된다면 완전히 새로운 시각이 열린다. 연극적인 수단은 예술적 가능성 중 단지 하나일 것이다. 완전히 다른 방법이 있을 수도 있는, 그러나 무대 예술과 똑같이

가치 있고 심미적으로 순수할 수 있는 '키네마토스코프kinematoscope'[1]
적인 수단도 다른 하나의 방법이 될 수 있을 것이다. 연극과 영화극
은 동등한 진정성과 완벽함으로 예술의 목적에 봉사할 수 있으며, 극
명하게 대조되는 수단으로 같은 목표에 도달할 수 있다. 따라서 우리
를 영화관의 문턱으로 직접 데려다줄 다음 단계는 여러 다른 예술 장
르들이 공통의 목표를 위해 사용하는 다양한 수단의 차이점을 살펴
보는 것이다. 무엇이 특정 예술을 그렇게 특징화하는가? 전통 예술
의 특별한 특성을 인식할 때, 우리는 영화극의 수단이 영화의 창작물
을 이전 형태의 아름다움과 조화를 이루는 본격적인 예술로 특징 지
을 수 있는지에 대해서도 질문할 수 있을 것이다.

　　우리는 모든 예술의 목적이 자연이나 사회의 삶 속에서 경험의
어떤 대상을 그 자체로 완전하게 하고, 또한 그것이 일깨우는 모든
요구를 스스로 만족시키는 방식으로 고립시키는 것이라고 보았다.
만일 그것이 자극하는 모든 욕구가 그것 자체에 의해 완전하게 성취
된다면, 즉 완전한 조화 상태가 된다면, 관객이자 청취자이며 독자인
우리는 만족할 것이며 이 완전한 만족은 특유의 심미적 기쁨이 된다.
예술의 이러한 특성화에 포함된 첫번째 요구는 예술가가 제공한 것
이 진정으로 우리의 관심을 일깨워야 한다는 것이다. 욕망의 끊임없
는 자극과 끊임없는 충족만이 미적 향유의 불꽃을 살아 있게 유지하
기 때문이다. 아무것도 우리를 움직이게 하지 않을 때, 아무것도 우
리를 흥미롭게 하지 않을 때, 우리는 예술영역 밖에서 무관심한 상태
로 있게 된다. 이것은 심미적 쾌락을 일상적이고 이기적인 삶의 쾌락
과 분리한다. 이것 역시 욕망의 충족에 근거하지만, 욕망 자체가 없
어지는 것을 통한 만족의 유형이다. 확실히 식사의 즐거움은 미적 측
면을 가질 수 있다. 풍성한 잔치의 맛과 향, 광경의 조화가 특정한 예
술적 완전함에 이를 수 있는 경우가 종종 있기 때문이다. 그러나 단
순히 먹는 즐거움은 미적인 가치가 없다. 먹는 행위로 인해 대상이

파괴되고 케이크가 사라질 뿐만 아니라, 케이크에 대한 욕망이 충족되고 만족할 때 케이크에 대한 욕망도 사라지기 때문이다. 예술 행위는 욕망과 성취를 둘 다 깨어 있게 하는 것이 목표다.

그러나 이렇게 관심을 불러일으키는 것은 무엇보다 예술작품 속에서 인정받아야 할 현실의 특징을 신중하게 선택하기를 요구한다. 풍경의 수천 가지 특징은 사소하고 중요하지 않으며, 우리를 둘러싼 사회생활에서 일어나는 대부분은, 대단한 행동이 일어난 곳조차도, 본질적으로 아주 흔하고 따분하고 우리를 자극하는 사건 진행이 없다. 그러므로 예술적 창조를 위한 첫번째 요구는 무관심한 것을 제거하고, 자연 또는 사회의 삶이 복잡하게 제공하는 특징을 선택하는 것이다. 이들은 실제 이야기를 들려주고, 진정한 감정적 가치를 표현하며, 세상의 특정한 일화와 관련된 모든 것에 관한 관심을 암시한다. 그러나 이것은 예술가가 중요한 특성을 선택해야 할 뿐만 아니라 인위적으로 그 힘을 고조시키고, 그들의 내구성을 증대시켜야 한다는 자연스러운 귀결로 이어진다. 우리는 바위 위의 나무와 으르렁거리는 파도가 있는 풍경에 대해 말했고, 과학자가 그것의 가장 미세한 성분, 나무의 세포, 바다의 물과 바위의 분자를 어떻게 연구하는지 보았다. 예술가는 이와는 얼마나 다르게 일을 진행하는가! 그는 사진작가가 복사했을 수도 있는 나뭇잎은 상관하지 않는다. 화가가 뛰어난 붓으로 그러한 풍경을 그린다면, 그는 우리에게 폭풍우에 찢긴 나뭇가지의 흔들림과 파도의 곡선 위의 커다란 파장만 제공한다. 그러나 물결의 힘찬 선, 바위의 날카로운 윤곽에는 그들의 영혼을 표현하는 모든 것이 포함되어 있다.

역사소설이나 희곡을 쓰는 작가도 다르지 않다. 모든 사람의 삶은 그날의 사소한 일로 가득차 있다. 학술적인 역사가는 그것을 조사할 수도 있겠다. 예술가는 주인공의 삶 속에서 그의 성격을 진정으로 표현하고 중요한 줄거리를 유지하는 데 알맞은 사건을 선별한다. 예술가가 많은 것을 통해 몇 가지 요소를 예리하게 부각할수록, 그는 우리의 흥미를 더 자극하고 우리가 소설이나 드라마 속 인물들을 실제로 느끼도록 해준다. 조각가는 심지어 하나의 자세만을 선택한다. 그는 우리에게 화가처럼 어떤 배경을 제공할 수도 없고 연극 무대처럼 그의 주인공을 움직이게 할 수도 없다. 대리석상은 주인공의 어떤 자세를 영원하게 만든다. 이것은 매우 잘 선택되어 있기에 실제 사람의 모든 우연한 측면과 덧없는 몸짓은 가장 표현력이 풍부하고 가장 특징적으로 선택된 조각의 자세와 비교해보면 별로 중요하지 않게 보일 정도다.

이런 본질적 특성의 선택은, 예술 창작이 세상의 모방적 재생산을 못하도록 방지하면서, 작품이 예술의 목표를 이루기 위한 것이다. 이제 현실과의 더 큰 차이는 다음의 두번째 필요로부터 요구된다. 우리는 작품이 고립되어 있을 때, 즉 작품이 그 자체로 모든 요구를 충족하고 그 너머를 가리키지 않을 때만 예술이 존재한다는 것을 보았다. 이는 우리의 실용적 이해관계와 뚜렷이 분리되어 있을 때만 가능하다. 우리의 현실 영역에 들어오는 것은 무엇이든 실제 행동에 대한 우리의 충동과 연결되며, 그 행동에는 변화, 침입, 외부의 영향이 포함될 것이다. 우리가 어떤 것을 변화시키려는 욕구가 있는 한, 작품은 그 자체로 완성되지 않는다. 작품과 개인 즉 우리의 관계는 인식 속에 전혀 개입되지 않아야 한다. 그렇게 되는 순간 심미적 즐거움의 완전한 안식은 사라진다. 그러면 대상은 단순히 우리의 실제 환경의 일부가 되어버린다. 그러므로 예술의 근본적인 조건은 우리가 예술적 생산물의 비현실성을 뚜렷이 의식할 수 있어야 한다는 것, 즉 그것이 실제 사물과 인간으로부터 절대적으로 분리되어야 하고 자신의 영역에 고립되어야 한다는 것을 의미한다. 우리가 예술작품을 현실의 한 조각으로 받아들이도록 유혹당하는 순간, 그것은 우리의 실천적 행동의 영역으로 끌려들어간다. 이는 우리 자신을 그것에 연결하고자 하는 우리의 욕망을 의미한다. 그 자체의 완성도를 잃어버리고 심미적 향유에 대한 가치는 희미해져버린다.

이제 우리는 각 예술이 현실을 근본적으로 바꾸기 위해 특정한 수단을 가져야 하는 이유를 이해한다. 이제 우리는 대리석 조각상이 인간과 달리 삶의 색이 아니라 백색을 띠고 있다는 것이 결코 조각의 약점이 아님을 인식한다. 2차원만 제공할 수 있고 실제 자연의 깊이를 보여줄 수 있는 수단이 없다는 점이 그림이나 회화의 결함으로 나타나지 않는다. 이제 우리는 시인이 자신의 감정과 생각을 완전히 부자연스러운 리듬과 운율의 언어로 표현한 이유를 이해한다. 이제 우리는 모든 예술작품에 프레임이나 받침대 또는 무대가 있는 이유를 알 수 있다. 모든 것이 실제 삶의 배경에서 제공된 경험을 분리하려는 주된 목적에 기여한다. 우리 앞에 채색된 그림 정원이 있을 때 화단에서 꽃을 따고 가지에서 열매를 따고 싶은 것이 아니다. 그림의 크기가 실제 정원을 내다볼 수 있는 창유리의 크기와 다르지 않을 수 있음에도 그림의 평면성은 이것이 현실이 아님을 말해준다. 우리는 대리석으로 된 여성을 위해 의자나 따뜻한 코트를 가져올 생각을 하지 않는다. 조각가가 만든 작품은 우리가 들어갈 수 없는 공간에 서 있고, 우리의 행동이 향하는 현실과 완전히 동떨어져 있으므로, 우리는 그저 심미적 구경꾼들이 된다. 대리석 소녀의 미소는 마치 살아 있는 것처럼 우리를 사로잡지만, 우리는 그녀의 환영에 반응하지 않는다. 대리석 형태로 나타났을 때 그녀는 우리나 다른 누구와도 관계없이 그 자체로 완전하다. 현실과의 차이가 그녀에게 자립할 수 있는 완벽한 삶을 부여한다.

강도에 대한 경찰 보고서를 읽는다면, 우리는 집을 더 안전하게 잠글 것이다. 홍수에 관한 글을 읽는다면, 우리는 정성 어린 약소한 성금을 보낼 수도 있다. 만일 사랑의 도피에 관하여 읽는다면, 그 후에 무슨 일이 벌어졌는지를 궁금해할 수도 있다. 그러나 우리가 단편소설에서 이러한 모든 것에 관하여 읽을 때, 여기서 절도와 홍수와 도주가 실제 환경에 속하지 않고 오직 상상의 세계에만 존재한다는 것을 작가가 묘사의 형식을 통해 우리에게 완벽하게 분명히 밝혀주는 경우에만 우리는 미적 즐거움을 느낄 수 있다. 우리는 연극 공연에서 극단적인 예를 본다. 우리는 사실상 우리와 몇 피트 떨어져 있는 실제 사람들을 보는 것이다. 우리는 멜로드라마적인 전개에서 악당이 단검을 가지고 희생자의 뒤에서 접근하는 것을 본다. 우리는 분개와 분노를 느낀다. 그럼에도 우리는 무대 위로 뛰어올라가 그의 팔을 잡으려는 최소의 욕망도 품지 않는다. 무대라는 인공적인 설정, 어두운 소품집 위 조명이 켜진 앞쪽 무대는 우리 자신의 행동과 연결된 세계로부터 모든 행위를 제거하게 한다. 연극의 극장이 우리에게 강제한 비현실의 인식은 제공된 사건들 속에서 극적인 흥미를 느끼게 하기 위한 조건이다. 우리가 정말로 속아서 잠깐 무대의 다툼과 무대에서 일어나는 범죄를 실제로 받아들인다면, 우리는 즉시 미적 기쁨의 절정에서 일반적인 경험의 수준으로 이동하게 될 것이다.

우리는 한 걸음 더 나아가야 한다. 경험의 변화된 형태에 의해 현실로부터 완전한 분리가 있어야 할 뿐만 아니라, 비현실적 사물이나 행위가 그 자체로 완전해야 한다는 것을 요구해야 한다. 그러므로 예술가는 어떤 부분이 일깨우는 요구를 충족시키는 데 필요한 모든 것을 해야 한다. 만일 그림의 선 하나가 어떤 분위기와 움직임을 제시한다면, 다른 선들은 그것을 계속 이어나가야 하고, 색상은 그것에 공감해야 하며, 이 모든 것은 그림의 내용과 일치해야 한다. 극의 한 장면이 일깨운 긴장은 다른 장면에 의해서 해소되어야 한다. 설명되지 않은 상태로 남아 있거나 미완성 상태로 남아 있는 것은 없다. 우리는 풍경화의 언덕들 뒤에서 무슨 일이 일어나고 있는지, 또는 희극

속 커플이 마지막 막의 약혼 뒤에 무엇을 할 것인지 알기를 원하지 않는다. 반면에 작가가 다른 부분의 요구와 조화를 이루는 요소를 더한다면, 그것은 외부세계에서 실제 일어나는 것과 다를지라도 미적으로 가치가 있다. 회화 속 인어는 꼬리가 있고, 조각된 아이는 천사의 날개가 있고, 요정들이 무대 위에 나타날 수 있다. 요약하면 진정한 예술의 목적에 의해 이루어진 모든 요구는 우리를 현실로부터 멀어지게 하며, 이는 예술이 숙련된 모방에 의존해야 한다는 피상적인 주장과 반대된다. 예술의 진정한 승리는 실제 모습의 극복에 있으며, 역사나 자연에 대한 미적 욕망을 자기만의 방식으로 성취하는 모든 예술은 진실하다.

그 방법의 수는 미리 결정할 수 없다. 단순히 회화, 에칭, 스케치의 연구만으로는 조각과 같은 예술도 가능하다는 것을 예견할 수 없었고, 서사시와 서정시를 연구하면서 극의 형식을 미리 구축할 수는 없었다. 인류 역사의 천재들은 현실적인 관심을 유지하면서도 사물과 사건을 가능한 모든 현실과 연결된 지점으로부터 전적으로 분리하고 고립시켜 그 자체로 완벽한 새로운 형식을 고안해야 했다. 우리는 고립된 재료로 우리에게 완전한 만족을 주고 그것이 일깨우는 모든 요구를 충족시키지만, 다른 어떤 예술적 창조물보다 우리가 알고 있는 현실에서 더 멀리 떨어져 있는 예술, 바로 음악에 대해서는 아직 말하지 않았다. 작곡가가 선율과 화음을 구성하는 음정은 우리가 사는 세상의 일부가 전혀 아니다. 실제 생활에서 우리의 행동 중 어느 것도 악기의 음색과 관련이 없지만, 교향곡의 음색은 우리에게 가장 깊은 감정, 가장 엄숙한 느낌, 가장 즐거운 정서를 불러일으킬 수 있다. 이 음들은 이 세계의 상징물로서 슬픔과 기쁨을 동반한다. 우리는 순간적이고 가볍고 즐겁거나 조용하고 무겁고 지속되는 음색의 리듬을 느낀다. 그것은 우리 자신의 충동, 긴장과 이완을 깨우는 에너지로 우리에게 깊은 인상을 준다.

우리는 음의 향연에 빠져든다. 악기의 음색과 음의 간격은 화음과 불협화음의 환상적인 모자이크다. 하지만 불협화음들도 이내 새로운 화음으로 용해된다. 음들은 서로를 찾아 나선다. 그들은 제 고유의 완전한 삶을 살고, 우리는 그들을 변화시키고자 하지 않는다. 우리의 정신은 단지 그들의 욕망과 충족만을 반영할 뿐이다. 우리는 그들과 함께 느끼고, 그들 없이는 어떤 음악 선율도 아름답지 않을 궁극적인 합일점에 행복해한다. 모든 음은 첫 음에 의해 표명된 내적 법칙을 따른다. 전체 음의 이동은 다음 음을 지시한다. 이는 회화의 색감, 조각의 선, 시의 리듬이나 운율과 같은 내적인 자기 합일의 세계다. 그러나 음색과 리듬의 단순한 자기 일치를 넘어 음악작품 전체가 우리에게 감정의 세계를 열어주기도 한다. 음악은 미술이 보여주는 물리적 자연을 묘사하지도 않고, 문학이 수반하는 사회적 세계를 표현하지도 않는다. 음악은 단지 충만한 느낌과 감동 속에서 내적 세계를 보여준다. 바로 이 내적 세계에서 내적 경험이 고립되고, 그 경계 내에서 모든 예술의 특성이라 할 완벽한 자기 합일이 완성된다.

우리는 각각의 예술이 세계의 혼란을 극복하는 방식, 혹은 모든 요소가 상호합일을 이루면서 세계의 일부를 전적으로 고립된 형식으로 조합해내는 다양한 방식을 추적해볼 수 있을 것이다. 우리는 예술에 대한 이러한 근본적인 요구를 통해 특수한 형식을 발전시킬 수 있을 것이며, 이러한 형식은 다양한 예술 영역의 특징을 이룰 것이다. 우리는 또한 응용예술, 건축, 공예 등으로 주의를 돌려 순수예술적 요구와 실천방식을 조합해 새로운 규칙이 어떻게 생겨나는지 살펴볼 수도 있다. 그러나 이것은 우리를 미학 일반 이론으로 너무 멀리 인도할 것이며, 우리의 목표는 영화극의 문제를 향해 나아가는 것이다. 다만 회화, 연극, 음악에 대해 우리는 말해야 했는데, 왜냐하면 그들과 영화극은 중요한 조건을 공유하고 그에 따라 세계를 표현하는 어떤 본질적인 형태를 공유하기 때문이다. 영화극을 형성하는 요소는 화가가 창조하는 그림과 같이 평면적인 사진이고, 이미지의 속성은 영화예술의 근본을 형성한다. 그렇지만 영화극은 확실히 연극과도 많은 조건을 공유한다. 예를 들어 연극 무대에서와 마찬가지로 스크린에서도 인물 사이의 갈등이 주로 등장한다. 그러나 우리의 주된 주장은 영화극을 연극의 미학적 조건에 단순히 종속시키면 영화극의 의미를 왜곡한다는 것이었다. 영화극이 사진, 연극과 아무리 연관성이 깊다고 할지라도, 영화극은 그것들과 분명 다르다. 또한 미적세계에서 영화가 차지하는 위치는 무엇보다도 우리가 향유하고 있는 다른 예술, 즉 음들의 예술이 지닌 특징을 고려할 때 진정으로 파악될 수 있다. 음악은 외부세계와 사회적 세계를 전적으로 극복한다. 음악은 물질적 세계의 법칙에서 벗어나 있는 다른 물질을 통해 느낌과 감정, 기억과 환상, 우리의 정신상태와 같이 움직이고 있는 음들을 들려준다. 물론 영화의 물질이 음이 아닌 빛이라는 점에서 영화는 음악작품과 다르다. 하지만 영화는 결국 영화가 연극과 사진이 아니라는 것과 동일한 맥락에서 음악과 구분된다. 영화는 그들 모두와 무언가를 공유한다. 영화는 그들 사이에 혹은 그들과 떨어진 어딘가에 위치한다. 이러한 연유로 영화는 고유의 조건을 통해 파악되어야 할 예술로서, 단순히 연극의 법칙들로부터 도출되는 것이 아니라 고유의 미적 법칙들이 추적되어야 할 특수한 예술형식으로 자리하게 된다.

제9장 영화극의 수단

우리는 이제 심리학적이고 미학적인 모든 맥락을 연결할 지점에 다다랐다. 이를 통해 이 책의 진정한 논지에 이를 수 있을 것이다. 우리는 미적 논의를 통해, 실생활로부터 분리된 채 그 자체로 전적인 합일을 이루고 있는 삶의 경험들과 같이 경험의 주요 부분을 고립시키는 것이 예술의 목적임을 알 수 있었다. 미적 만족감은 이와 같은 내적 합일과 조화에서 기인한다. 그러나 부분들의 합일은 각자의 맥박을 타고, 모든 요소의 의지 속으로, 모든 선과 색, 형태, 모든 단어와 음색, 음들의 의미 속으로 들어갈 때에야 느껴질 수 있다. 다시 말해 모든 것이 내적 움직임으로 충만할 때 비로소 진정으로 부분들의 합일을 즐길 수 있다. 앞서 살펴보았듯이 이와 같은 목적이 달성된 상태의 형식과 방법은 각 예술 분야의 수단이 된다. 그 형식과 방법은 재료마다 상이하다. 그러나 고립 방식이나 중요하지 않은 부분의 제거, 조화에 기여하는 부분의 강화 방식은 같은 재료 간에도 매우 다르게 나타날 수 있다. 그렇기 때문에 영화극만의 특징적 수단, 즉 현실성을 극복하고 주요한 극적 이야기를 고립시켜 관객을 플롯 속으로 인도하고, 실제적 삶과 동떨어져 부분들의 조화를 즐길 수 있도록 이야기를 표현하는 영화극의 수단을 다루기 위해서는, 이 책의 첫번째 부분에서 다루었던 심리학적 논의를 떠올려야 한다.

심리학적 논의를 통해서는 영화극이 전적으로 정신의 내적 움직임을 통해 형성된 극적 사건을 보여준다는 점, 따라서 연극과 비교할 수 없다는 점을 이해했다. 영화극의 사건 자체는 실제적인 공간에서 발생하며 이 공간은 고유의 깊이를 지닌다. 그러나 관객은 영화극의 사건이 외부세계의 3차원 속에서 제시되고 있지 않으며 그것이 정신에 의해 입체적 사물로 변모한 것에 불과한 평면적인 사진들이라는 사실을 지각한다. 사건은 연속적 움직임 속에서 보이지만, 사진은 즉각적 인상의 빠른 연속 속에서 움직임을 분해한다. 우리는 영화로부터 객관적 현실이 아니라 사진들을 하나로 결합하는 정신의 산물을 본다. 주의집중, 기억, 상상, 암시, 관심의 분배, 감정으로 눈을 돌렸을 때, 훨씬 더 강력한 차이가 드러난 바 있다. 주의집중은 외부세계의 세부 지점으로 들어가 그 밖의 다른 모든 것을 무시한다. 영화는 세밀한 부분이 확대되고 나머지 부분은 사라지는 클로즈업 기법을 통해 이를 똑같이 수행한다. 기억은 과거의 이미지들을 불러옴으로써 현재의 사건에 개입한다. 상상은 미래를 예상하고 환상과 꿈을 통해 현실을 극복한다. 영화극은 상상이 하는 것보다 훨씬 풍부하게 이 모든 작업을 수행한다. 하지만 정신은 주로 관심의 분배에 의해 이리저리 이끌리게 된다. 서로 다른 장소에서 동시적으로 발생하고 있는 사건들을 생각해보자. 영화극은 뒤얽힌 장면들을 통해 우리 마음이 품고 있는 모든 것을 보여줄 수 있다. 서너 개 내지는 대여섯 개의 지역에서 발생하는 사건들을 하나의 복합적인 행동으로 결합하는 것이다. 이로써 영화극은 관객의 정신을 정서와 감정으로 가득 채우고, 마침내 영화극의 장면들이 그들의 정서와 감정을 체현한다는 기분을 선사한다. 영화극은 이와 같은 방식으로 연극이 시도조차

하지 않았던 바를 성공적으로 수행한다.

위와 같은 논의가 한편으로는 미학적 연구이고 다른 한편으로는 심리학적 연구라면, 이제 우리는 이 두 연구 결과를 하나의 통일된 원칙으로 결합하고자 한다. 영화극은 공간, 시간, 인과성이라는 외부 세계의 형식을 극복하고, 사건을 내면세계의 형태 즉 주의집중, 기억, 상상, 감정을 통해 조정함으로써 우리에게 인간의 이야기를 들려준다.

이와 같은 관점에서 영화극을 연극과 비교한다면 우리는 방향 설정을 보다 직접적으로 할 수 있다. 우리는 정규 연극 무대와 극의 특징들에 대해서는 논의하지 않을 것이다. 우리는 이것을 당연하다고 여기고 있다. 그리스인들이 창조하고, 아시아, 유럽, 아메리카로 퍼진 최고급의 예술형식에 대해 모두가 알고 있다. 고대의 희비극으로부터 입센, 로스탕, 하웁트만, 버나드 쇼에 이르기까지 이들은 공통의 목적과 더이상 설명이 필요하지 않은 공통의 형식을 지니고 있다. 영화극은 연극 공연과 어떻게 다른가? 우리는 예술작품이라면 어떻게든 실질적 이해관계와 분리되어야 한다고 주장한 바 있다. 연극 또한 예외가 아니다. 연극의 극장 구조, 무대 프레임의 형식, 무대와 객석 사이의 조명 차, 무대 세팅과 장식, 이 모든 것이 무대 위의 행위를 실제 삶으로 받아들일 가능성을 차단한다. 몇몇 무대감독은 그와 같은 차이를 줄이려는 실험을 시도하기도 했다. 예를 들면 관객을 완전히 밝은 홀에 두고 관객으로 하여금 현실과 거리감이 약화됨에 따라 극적 효과가 얼마나 크게 줄어드는지를 발견하도록 했다. 이러한 맥락에서 보면 영화극과 연극은 명백히 유사하다. 스크린은 그 존재 자체로 사건의 전적인 비현실성을 표명하고 있기 때문이다.

그러나 한 걸음 더 나아가면 무대극과 영화극의 현저한 차이가 드러난다. 모든 면에서 영화극은 연극보다 물리적 현실에서 더 멀리

떨어져 있으며, 모든 측면에서 물리적 현실로부터 더 먼 거리는 영화
극을 정신세계에 더 가까워지도록 만든다. 연극은 우리에게 살아 있
는 사람들을 보여준다. 진짜 로미오와 줄리엣은 아니지만, 배우들이
진짜 사람의 울리는 목소리를 지니고, 그들처럼 숨을 쉬고, 그들과
같은 생생한 색을 가지고, 그들처럼 물리적 공간을 채운다. 영화극에
남아 있는 건 무엇인가? 목소리는 침묵한다. 영화극은 소리가 없는
쇼다. 그러나 이것만으로도 극의 세계에서 흔히 볼 수 있는 현실과
떨어져 있는 한 걸음임을 잊어서는 안 된다. 연극의 역사를 아는 사
람이라면 누구나 인류의 발전에 팬터마임이 해온 엄청난 역할을 알
고 있을 것이다. 실제 연극의 출발점으로서 고대의 반쯤 종교적이고
무언극적이며 암시적인 춤에서, 중세시대의 완전히 종교적인 무언
극을 거쳐, 더 나아가 현대 퍼포먼스의 수많은 조용한 무언의 요소에
이르기까지, 우리는 팬터마임을 거의 모든 극적 발전의 실제 배경으
로 만드는 관습의 지속을 발견한다. 우리는 무언극이 그리스인들 사
이에서 얼마나 인기가 있었으며, 로마제국 시대에 그들이 어떻게 전
면에 섰는지 알고 있다. 고대 로마는 흉내를 내는 광대를 소중히 여
겼지만, 비극적인 무언극을 더 아꼈다. "그들의 끄덕임 자체가 말하
고, 그들의 손이 말하고, 그들의 손가락이 목소리를 낸다." 로마제국
이 멸망한 후, 교회는 신성한 역사를 묘사하기 위해 무언극을 사용했
으며, 이후 세기에서는 발레의 무언극을 통해 이번에는 그다지 신성
하지 않은 역사를 마찬가지로 즐겼다. 말 없는 복잡한 예술적 비극조
차 현대의 연극에서 좋은 성과를 거두었다. 파리에서 온 〈랑팡 프로
디그L'Enfant Prodigue〉, 베를린에서 온 〈슈무런Sumurun〉, 페트로그라드
에서 온 〈페트로슈카Petroushka〉가 미국 무대에서 큰 성공을 거두었다.
그리고 말의 부재는 분명히 현실과의 거리감을 증가시켰지만, 배우
들의 육체적 존재에 대한 지속적인 의식을 결코 파괴하지 않았다.

　더욱이 현대 팬터마임의 연구자는 무대 위 무언의 연기와 영화

극 배우들의 연기 사이의 특징적인 차이를 간과할 수 없다. 내적 상
태의 표현, 제스처의 전체 체계는 분명히 다르다. 영화극은 무언극
보다 삶과 더 가깝다고 말할 수 있을지도 모른다. 물론 영화극은 자
연스러운 표현을 다소 과장해야 한다. 그 전체 리듬과 몸짓의 정도
는 발화라는 움직임을 동반하는데, 그것은 말의 내용으로 생각과 감
정의 의미를 표현하는 배우들보다 더 분명해야 한다. 그럼에도 영화
배우는 정신 분출의 일반적인 경로를 사용한다. 배우는 매우 감정적
인 사람이 행동하는 듯이 연기한다. 그러나 무언극을 연기하는 배우
는 그것으로 만족할 수 없다. 그는 지극히 부자연스러운 것, 즉 일종
의 인위적인 감정 표현을 추가할 것으로 기대된다. 그는 화난 사람처
럼 행동해야 할 뿐만 아니라, 그의 분노에 의식적으로 관심을 가지고
분노를 다른 사람들에게 보여주길 원하는 사람처럼 행동해야 한다.
배우는 감정을 관객들에게 보여준다. 그는 구경하는 사람을 위해 연
극적으로 행동한다. 그렇게 하지 않는다면, 풍부한 이야기와 인간 열
정의 진정한 갈등을 전달하는 수단으로서는 너무 빈약했을 것이다.
이와 달리, 장면이 빠르게 바뀔 때 영화배우는 자신의 의도를 전달할
다른 가능성을 가진다. 그는 스크린에서 무언극을 하고 싶은 유혹에
빠져서는 안 되며, 그렇게 된다면 릴의 예술적 품질을 심각하게 훼손
하게 된다.

그러나 신체적 현실과의 결정적인 거리는 배우 자체를 배우의
이미지로 대체함으로써 만들어진다. 빛과 음영은 색상 효과의 다양
함을 대체하고, 단순한 원근감이 깊이를 암시해야 한다. 우리는 운동
학적 지각의 심리학을 논의할 때 그것을 추적한 바 있다. 그러나 우
리는 잘못된 지점을 강조해서는 안 된다. 영화 속 인물들이 실제로는
살과 피로 우리 앞에 서지 않는다는 사실에 중점을 두는 것이 자연스
러운 경향일 수 있다. 본질적인 점은 오히려 우리가 사진의 평면성을
의식하고 있다는 점이다. 만일 우리가 거울에 비친 무대의 배우들을

본다면 그것 또한 우리가 인지하는 반사된 이미지일 것이다. 우리는 시야의 직선상에서 배우 그 자체를 보지 않는다. 그러나 이미지는 실제 무대의 모든 깊이감을 가지고 있기에 우리에게는 배우 자체와 동등하게 나타난다. 영화의 이미지는 배우들의 반사된 렌더링이다. 살아 있는 인간에서 스크린으로 이어지는 과정은 단순히 거울에 비친 것보다 더 복잡하지만, 전송의 복잡성에도 불구하고 결국 우리는 이미지를 통해 실제 배우를 본다. 사진은 재능있는 데생 화가가 스케치한 그림과 완전히 다르다. 영화극에서 우리는 배우 자체를 본다. 다만 실제 남자를 보는 것과 인상이 다른 결정적 요인은 살아 있는 인물을 이미지의 재생산이라는 매체를 통해 본다는 점이 아니라, 이 재생산이 그들을 평면적으로 보여준다는 점이다. 신체의 공간은 제거되었다. 우리는 이전에 입체경적 배열이 조형적 형태를 어느 정도 재현할 수 있다고 언급했다. 그러나 이것은 영화극의 성격을 심각하게 방해할 것이다. 우리는 깊이에 대한 극복이 필요하다. 우리는 이미지를 통해 깊이감을 원한다. 그것도 현실 세계의 실제 깊이감을 우리에게 강력하게 암시하는 이미지로 갖고자 한다. 영화극에서도 우리는 조형적 세계에 관한 관심을 유지하며, 사람이 움직이는 깊이감을 인식하고자 하지만, 우리의 직접적인 인식 대상은 깊이가 없음이 분명하다. 무게, 견고함, 실재성이라는 관념을 우리에게 강력하게 강요하는 공간 관념은 가볍게 날아가는 비물질성으로 대체되어야 한다.

그러나 영화극은 실제 연극의 극장이 갖는 공간적 가치만 희생시키는 것이 아니다. 그것은 그만큼이나 시간의 순차도 무시한다. 연극의 극장은 현실의 시간 순서대로 줄거리를 제시한다. 물론 극예술의 조건을 소홀히 하지 않으면서도 연속적인 시간의 흐름을 방해할 수도 있을 것이다. 3막과 4막 사이에는 20년이 걸릴 수 있는데, 이는 극작가가 이야기 전개에 중요한 공간과 시간에 대한 요소를 선택해야 하기 때문이다. 그러나 그는 앞으로만 움직일 수 있고 뒤로는 갈 수 없다는 실시간의 기본 원칙에 구속된다. 연극의 극장이 지금 우리에게 보여주는 것은 무엇이든 이전 순간에 우리에게 보여준 것보다 플롯 상 뒤쪽에 와야 한다. 시간의 완전한 통일성에 대한 엄격한 고전적 요구는 모든 연극에 해당하는 것은 아니지만, 2막 이전에 일어난 일을 3막에서 우리에게 이야기한다면 드라마는 임무를 포기하는 것과 같다. 물론 극중극이 있을 수도 있고, 무대 위에 놓인 또하나의 무대 위에서는 배우들이 프랑스 왕 앞에서 고대 로마 역사의 사건들을 연기할 수도 있다. 그러나 이것은 실제 사건의 순서와 정확히 일치하는 현재의 과거 속에서 구분된 구역이다. 반면에 영화극은 물리적 우주의 이러한 시간적 구조를 따라야 하지도 않고 따라서도 안 된다. 어느 지점에서도 영화극은 시간적 연속을 방해할 수 있고 우리를 과거로 데려갈 수 있다. 우리가 기억과 상상의 심리학에 대해 이야기할 때, 영화예술의 이 독특한 특징을 연구한 바 있다. 환상의 온전한 자유와 우리 생각의 연상이 내포한 전체적인 유동성과 함께, 과거의 이미지가 현재의 장면에 날아들어온다. 시간은 뒤에 남겨진다. 남자는 소년이 된다. 오늘은 이틀 전과 뒤섞여 있다. 정신의 자유는 외부 세계가 가진 불변의 법칙에 맞서 승리를 거둔다.

오늘날 극작가들이 영화극의 지혜를 빌려 정통 무대에서 시간의 반전을 실험하는 모습을 지켜보는 것은 흥미롭다. 할아버지가 손자에게 자신의 어린 시절 이야기를 미래에 대한 경고로서 들려주고 말 대신 그의 어린 시절 사건이 우리 눈앞에 보여질 때, 우리는 심미적으로 경계 지대에 있는 것과 같다. 이것은 결국 극중극과 매우 유사하다. 연극 〈언더커버Under Cover〉에서 매우 다른 실험이 시도된 바 있다. 집 2층에서 펼쳐지는 3막은 폭발음으로 끝난다. 아래층에서 연기하는 4막은 폭발 15분 전이라는 시점에서 시작한다. 여기서 우리는 연극의 극장이 가지는 근본적인 조건을 실제로 부정한다. 또는 미국 연극 무대의 최근 산물에 집중한다면, 아마도 영화극의 권리를 연극의 무대로 가져오는 것에 가장 근접한 〈심판On Trial〉을 생각할 것이다. 관객은 법정 장면을 보며, 여기에서 증인이 한 사람씩 차례로 증언하기 시작하면서 법정은 증인이 보고해야 하는 행동의 장면으로 대체된다. 또다른 흥미로운 연극 〈행간의 뜻 읽기Between the Lines〉는 집의 세 자녀로부터 세 통의 편지를 가져오는 우편배달부의 모습으로 첫번째 막을 끝낸다. 이어 2막, 3막, 4막은 편지가 온 세 곳의 서로 다른 집으로 우리를 인도하며, 세 곳에서 일어나는 일은 1막의 편지쓰기에 앞서 있을 뿐만 아니라, 또한 상호 관계로 보면 동시에 진행되는 것이기도 하다. 마침내 마지막 막은 세 집에서 일어난 사건의 끝을 알리는 편지가 도착하는 것으로 시작한다. 이러한 실험은 매우 도발적이며 이제 순수한 극예술도 아니다. 예술의 혼합은 항상 가능하다. 어떤 이탈리아 화가는 자신의 그림에 유리 조각과 돌, 밧줄을 붙여 눈에 띄는 효과를 만들어냈다. 단, 이것은 더는 순수한 회화가 아니다. 나중 사건이 앞 사건보다 앞선 드라마는 우아한 피상적 연극에서는 영리한 속임수로 즐거움을 주지만, 야망 있는 극예술에서는 용납할 수 없는 미학적인 만행이다. 그러나 영화극에서라면 관용될 수 있을 뿐만 아니라 완벽하게 자연스럽다. 세계를 이미지로 반영하는 것은 엄격한 시간의 메커니즘에 얽매여 있지 않다. 우리의 정신은 이곳저곳에 있으며, 또 현재로 향하다가 과거로 돌아간다. 영화극은 물질세계의 속박으로부터 자유롭다는 점에서 이와 같은 정신의 자유에 견줄 수 있다.

연극의 극장은 공간과 시간의 제한만 받는 것은 아니다. 연극이 보여주는 것은 무엇이든 자연을 지배하는 동일한 인과 법칙에 따라 통제된다. 여기에는 물리적 사건의 완전한 연속성을 포함한다. 후속 결과 없이 원인도 없고, 선행하는 원인 없이 결과도 없다. 이 모든 자연스러운 과정이 스크린의 극에서는 뒤에 남겨진다. 현실의 일탈은 심리학적 논의에서 연구한 연속적인 움직임의 분해와 함께 시작한다. 움직임의 인상은 분리된 이미지를 함께 결합하는 정신의 행동에서 나온 결과다. 우리가 실제로 보는 것은 합성물이다. 그것은 모든 분출물이 무수한 물방울로 분해되는 분수의 움직임과 같다. 우리는 반짝이는 물방울의 재빠른 유희를 하나의 연속적인 물의 흐름으로 느끼지만, 각각 서로 분리된 무수한 물방울을 의식하고 있다. 이 분수와도 같은 이미지의 물보라는 인과적 세계를 전적으로 극복한다.

완전히 다른 형태에서 인과관계에 대한 이 승리는, 다른 연속에 속하는 이미지에 의해서는 사건의 중단으로 나타난다. 우리는 갑작스러운 장면의 전환에서 이것을 발견한다. 이 과정은 자연스러운 결과들로 연결되지 않는다. 움직임이 시작되었지만, 원인이 결과를 가져오기 전에 다른 장면이 그 자리를 차지한다. 이 새로운 장면은 우리가 그 원인을 찾지 못한 결과를 가져다줄 수 있다. 그러나 중단되는 것은 과정만이 아니다. 우리가 (이전 장에서) 자세히 추적한 장면들의 얽힘은 그 자체로 인과성과 대조를 이룬다. 마치 서로 다른 물체가 동시에 같은 공간을 채울 수 있는 것과 같고, 또한 마치 물질세계의 저항이 사라지고 물질이 서로 침투할 수 있는 것과도 같다. 우리의 생각이 자유롭게 흘러갈 때 우리는 모든 물리적 법칙에 대한 우월성을 경험한다. 연극의 극장은 우리에게 그러한 인상을 줄 수 있는 기술적 수단을 가지고 있지 않으며, 혹 가지고 있다고 하더라도 그것은 연극이 세워지는 기초를 파괴할 것이기 때문에 사용할 수 없을 것이다. 우리 마음에 암시의 강제를 목표로 삼는 일련의 이미지에서 같은 유형의 또다른 사례를 만난다. 이미 언급한 바 있듯이, 어떤 결과는 일련의 원인에 의해 준비되지만, 그 인과적 결과가 나타날 때 영화는 컷오프된다. 우리에게는 결과가 없는 원인도 있다. 악당이 단도로 찌른다. 그러나 기적이 피해자를 낚아채 사라진다.

영화는 시공간의 세계와 인과관계의 세계 위로 떠오르며 그 경계에서 해방되지만, 확실히 법칙이 없는 것은 아니다. 이미지가 서로를 대체하는 자유는 음악에서 음정의 울림 및 흐름과 상당 부분 비교할 수 있다고 언급한 바 있다. 정신 에너지의 유희에 대해, 또한 영화 이미지에서 느껴지는 관심과 감정에 대해 수용하는 것은, 음색 자체가 정신의 생각과 감정, 충동의 표현인 음악적 선율과 화음에서 훨씬 더 완벽하게 일어난다. 감각들의 조화와 부조화, 융합과 뒤섞임은 어떤 외적 필요에 의해 통제되는 것이 아니라, 자유로운 충동에 대한 우리의 내적 동의 혹은 불일치에 의해 통제된다. 이와 달리 음악적 자유의 세계에서는 모든 것이 미적 필요에 따라 완전히 통제된다. 실제 삶의 어떤 영역도 작곡가의 영역만큼 엄격한 규칙 아래 있는 것은 없다. 음악 천재가 아무리 대담해도 작품 자체가 완전한 통일성을 보여야 한다는 철칙에서 벗어날 수는 없다. 음악을 공부하는 학생들이 배워야만 하는 모든 개별적인 방안은 결국 가장 자유로운 예술인 음악이 핵심적으로 요구하는 것의 결과일 뿐이며, 이 요구는 다른 모든 영역에도 존재한다. 영화의 경우도 마찬가지로 시공간과 인과관계의 물리적 형식으로부터 자유로워진다는 것이 미학적 구속으로부터의 해방을 의미하지는 않는다. 이와는 반대로, 마치 음악이 문학보다 더 기술적인 규칙에 둘러싸여 있는 것처럼, 영화극은 연극보다 더 확고한 미학적 요구에 의해 결합해야 한다. 공간, 시간 및 인과관계의 조건에 종속되는 예술은 외부 연결 요소를 포함하는 이러한 물질적 형태에서 구조의 특정한 견고성을 찾는다. 그러나 이러한 형식이 포기되고 정신적 유희의 자유가 외적 필요성을 대체하는 곳에서 미적 통일성이 무시된다면, 모든 것이 산산이 흩어질 것이다.

이 일치는 무엇보다도 행동의 일치를 말한다. 이 요구는 우리가 연극을 통해 알고 있는 것과 같다. 외부의 사건이 너무 쉽게 도입될 수 있고 독립적인 관심사가 발전할 수 있는 영화극에서는 통일을 소홀히 하려는 유혹이 가장 크다. 모든 예술작품과 마찬가지로, 영화극에서도 통일된 행동을 전개하는 데 내부적으로 필요하지 않다면 작품 안에 존재할 권리가 없다는 것은 확실히 사실이다. 두 개의 줄거리가 주어진다면 어디에서든 우리는 하나의 줄거리만 알았을 때보다 잘 받아들이지 못한다. 행동 자체와 유기적으로 엮이지 않은 선언과 선동이 뒤섞여 통일된 행동이 파괴되면, 이는 가치 있는 예술의 영역을 완전히 떠나고 만다. 미학적으로 참아줄 수 없이 난잡한 연기가 〈평화의 함성The Battlecry of Peace〉[1]을 통해 대중에게 제공되었던 기억이 아직도 생생하다. 그런 연기보다 사람들의 미학적 함양에 해로운 것은 없다. 즉 야심찬 세목들로 관객의 주의집중을 끌지만, 근본적인 예술의 원리, 즉 통일성의 요구를 완전히 묵살함으로써 관객의 미학적 감성을 파괴하기 때문이다. 또한 우리는 이러한 통일이 완전한 고립을 포함한다는 것을 인식하고 있다. 예술적 창작을 실제의 관심사와 연결하고, 관객을 자신과 관계된 이해관계를 유지하는 구경꾼으로 변모시킬 때, 우리는 아름다움을 말살시킨다. 그곳에서 다음 휴가를 보내기를 원하는지 아닌지의 결정을 위해 극의 배경을 보여주는 것이 아니다. 방의 실내 장식을 백화점의 전시처럼 보여주려는 것이 아니다. 줄거리의 행동을 수행하는 남녀는 우리가 내일 길에서 마주칠 수도 있는 사람이어서는 안 된다. 극의 모든 실마리는 극 자체에서 매듭을 지어야 하며, 우리의 외부 관심사와 연결되어서는 안 된다. 좋은 극영화는 고립되어야만 하고, 마치 아름다운 선율처럼 그 자체로 완성된 것이어야 한다. 영화는 최신 유행 패션의 광고가 아니다.

행동의 통일은 등장인물의 통일을 포함한다. 영화극을 이론화하는 사람들은 다음과 같은 주장을 종종 해왔다. 말하자면 등장인물의 성장 과정이 연극에서는 특별한 과제지만, 언어가 결여된 영화극은 정해진 유형으로 만족해야 한다는 것이다. 아마도 이것은 오늘날 대부분의 영화극이 아직 벗어나지 못한 조잡한 상태를 반영한 것으로 보인다. 내부적으로는 영화극이라는 방식이 복잡한 등장인물에 대해 다소간 섬세한 묘사를 허용해서 안 될 이유는 없다. 그러나 주된 요구는 등장인물이 일관성을 유지하고, 내적 필요에 따라 행동이 전개되며, 등장인물 자체가 줄거리의 중심 생각과 조화를 이루어야 한다는 것이다. 그러나 통일성을 주장하는 순간 극의 내용을 부여하는 행동만 생각할 수는 없다. 우리는 형식을 가볍게 여길 수 없다. 회화에서 모든 색조합이 모든 대상에 들어맞지 않고, 시에서 모든 연이 모든 내용과 일치하지 않지만, 음악에서는 선율과 박자가 하나가 되는 것처럼, 영화극은 내용을 이루는 행동과 형식을 이루는 이미지 표현이 완벽한 조화로 나아가야 한다. 이러한 요구는 개개의 모든 이미지에서 반복된다. 우리는 화가가 그림에서 완벽하게 형식의 균형을 맞추고, 그것이 한데 어우러져 내적인 대칭이 느껴지고, 직선과 곡선과 색채가 통일을 이루는 것을 당연하게 생각한다. 하나의 릴로 우리에게 보여지는 16,000장의 모든 단일 이미지들도 형태의 통일성을 위해 화가의 이러한 관점에서 다루어져야 한다.

영화극은 우리에게 인간 행위의 중요한 갈등을 영화로 보여준다. 영화는 시공간과 인과율의 물리적 형식으로부터 해방되어, 우리 정신적 경험의 자유로운 유희에 의해 조정되어야 하고, 줄거리와 이미지 표현의 통일을 통해 실제 세상과의 완전한 고립에 도달해야 한다.

## 제10장  영화극의 요구

우리는 영화극이라는 새로운 예술의 일반 공식을 발견했다. 이 일반 원칙에 포함된 몇 가지 결과와 그로부터 발생하는 몇몇 미학적 요구 사항으로 관심을 돌려보자. 물론 이중 가장 최상의 것은 어떤 구체적인 처방도 내릴 수 없는 것인데, 이는 시나리오 작가와 제작자의 상상력이다. 이러한 관점에서 새로운 예술은 오래된 예술과 다르지 않다. 베토벤은 불멸의 교향곡을 썼지만, 다른 수천의 지휘자들이 이와 똑같은 방식과 기술적 규칙을 따라 작곡한 교향곡 중 남아 있는 작품은 별로 없다. 위대한 화가, 조각가, 작곡가, 시인, 소설가, 극작가가 예술적 성향의 깊은 곳으로부터 꺼내어 선사해주는 것은 흥미롭고 의미심장하다. 그 형식과 내용의 통일은 자연스럽고 완벽하다. 재능 없는 아마추어들이 만들어내는 것은 진부하고 단조롭다. 형식과 내용의 관계는 강제적이고, 전체의 통일은 불완전하다. 이 두 극단 사이에서 이상에 도달하려는 목표를 가진 다양한 단계들이 존재한다는 것을 인간이 이룩해온 예술사에서 확인할 수 있다. 영화라는 예술도 다르지 않다. 심지어는 극영화의 구체적인 요구에 대해 가장

명확하게 인식한다고 해도 진정한 재능이나 천재를 대체하기에는
부족할 수도 있다. 미학적 요구를 가장 충실하게 따른다고 해서 지루
한 줄거리가 흥미로워지고, 진부한 행동이 의미심장해지는 것은 아
니다.

    만약 다른 모든 예술로부터 영화극의 창작물을 구분 짓는 특징
적인 요소가 있다면, 영화극이 언제나 시나리오 작가와 제작자라는
두 창의적인 인물들의 합작을 요구한다는 것이다. 다른 예술에도 일
부 협업이 존재하기는 한다. 오페라는 시인과 작곡가가 필요하다.
그러나 오페라의 텍스트는 그 자체로 독립적이고 완전한 문학작품
이며, 오페라의 음악은 그 자체의 삶을 가진다. 다시 말하자면 모든
음악작품은 연주자를 필요로 한다. 오케스트라는 교향곡을 연주해
야 하고, 피아니스트나 가수는 선율을 살아 있도록 해야 하며, 배우
는 극을 연기해야 한다. 그러나 연극이 무대에 오르지 못해도 문학
작품으로서 완성되듯이, 음악은 노래를 부르거나 악기로 연주하기
전에도 완전한 예술작품이다. 게다가 영화극에서는 배우들의 자각
도 분명히 필요하다. 그러나 우리는 그것을 무시할지도 모른다. 우
리가 염두에 두는 것은 시나리오 작가가 창조하는 작품이 그 자체
로는 완전히 불완전하며, 제작자의 행위를 통해서만 완전한 예술작
품이 된다는 점이다. 따라서 제작자는 연극의 무대감독과 전혀 다른
역할을 맡는다. 무대감독은 극작가가 지시하는 바를 수행하면서, 여
기에 자신의 기술과 시각적 상상력, 등장인물의 요구에 대한 통찰력
을 극적 행동의 구현에 추가할 수 있다. 그러나 영화극의 제작자는
실제로 극을 이미지로 바꾸는 당사자이기 때문에 진정으로 자신이
창조적인 예술가임을 보여주어야 한다. 연극에서 강조하고 싶은 것
은 발화된 언어 속에 담겨 있고, 무대연출자는 거기에 어떤 것도 더
할 필요가 없다. 모든 것은 대사 안에 들어 있다. 영화극에서는 모든
강조가 이미지에 담겨 있고, 이미지의 구성은 전적으로 제작하는 예

술가의 몫이다.

그러나 시나리오 작가도 극적인 발상과 구성에 대한 재능만 있다고 충분한 것은 아니다. 시나리오 작가는 그 일의 고유한 특성을 인식해야 한다. 즉, 매 순간 자신이 무대나 책이 아닌 스크린을 위해 글을 쓰고 있다는 것을 인지해야 한다. 이는 우리를 다시 중심 논의로 되돌린다. 시나리오 작가는 영화극이 촬영된 연극이 아니고, 그 자체의 심리학적인 조건에 의해 통제된다는 것을 이해해야 한다. 극영화가 단순히 다른 예술의 기계적인 재생산이 아닌 독특한 종류의 예술이라는 것이 파악되면, 시나리오 작가가 지닌 특별한 종류의 재능은 영화극에 충실해야만 하고, 이 새로운 예술을 위해 시나리오를 쓰는 것이 자신의 예술적 품위를 떨어뜨린다고 느끼지 않을 것이다. 의심할 여지 없이 오늘날의 영화는 여전히 낮은 예술적 수준에 머물러 있다. 물론 연극의 경우에도 10분의 9는 저렴한 멜로드라마나 수준 낮은 익살극이다. 그렇지만 문제는 정말 가치 있는 연극을 현재 얼마나 많이 볼 수 있느냐가 아니다. 많은 연극은 가장 하위 본능에 대한 호소에 불과하다. 그러나 최소한 연극의 극장은 그러한 굴욕스러운 희극과 허위 비극에 의해 만족하도록 강요당하지 않는다. 연극 공연을 위한 세계의 문학은 영원한 가치를 지닌 풍부한 작품을 소유하고 있다. "화이트 웨이White Way"[1]에 있는 연극의 극장들이 대중의 의식 고양을 위해 진정으로 아름다운 극을 공연하는 대신 왜 저속한 취향에 굴복하고 있는지는 미학적 문제가 아니라 순전히 사회적 질문이다. 영화의 극장은 전혀 다른 상황에 직면해 있다. 그들의 매니저는 더 나은 상영을 제공하려는 최선의 의도가 있을 수 있으나, 영화의 시나리오 문학은 연극의 명작과 비교할 수 있는 것이 지금까지는 없어서 그렇게 할 수 없다. 영화극의 창작이 가장 이상적인 노력을 기울일 가치가 있는 것으로 인식되기 전까지는, 가치 높은 유형의 제공을 기대하기 어렵다.

　　영화극이 연극과 특징적인 요소를 공유하고 있다는 것을 부인하는 사람은 없다. 두 가지 모두 이해관계와 행동의 갈등이 중심이다. 비극이건 희극이건, 이러한 갈등은 무대와 스크린에 유사한 전개와 해결을 요구한다. 충돌 없이 인간 활동을 보여주는 것만으로도 목가적이거나 낭만적인 성격의 매우 유쾌한 움직이는 영상, 또는 아마도 실용적인 관심에 해당하는 영상을 제공할 수 있다. 그 결과 스크린 위에는 일종의 서정시나 서사시, 여행기 등이 나타난다. 그러나 이것은 극이 요구하는 인간들의 이해 갈등이 결여되어 있는 한, 영화극으로 만들어지지 않을 것이다. 연극의 경우에는 이 갈등이 살아서 말하고 있는 사람에 의해서 드러나는 한편, 영화극의 경우에는 움직이는 이미지에 의해 드러나기 때문에, 예술적인 개념의 차이는 유사성만큼이나 클 것임이 틀림없다. 그러므로 가장 주요한 요구 중 하나는 원본 작품의 실질적인 힘과 중요성에 있어야 할 것이고, 원본 작품은 그 안의 모든 생각이 스크린을 위한 아이디어로 만들어져야 한다. 영화극이 연극을 위한 문학에 의해 생산되는 한, 새로운 예술은 결코 그 자체에 도달할 수 없으며 진정한 목표에도 이르지 못한다. 〈햄릿〉이나 〈리어왕〉이 매우 빈약한 영화극이라는 것이 셰익스피어의 잘못은 아니다. 셰익스피어의 작품이 스크린을 위해 나왔다고 하고 이를 연극의 무대로 옮긴다고 하면, 이 역시 마찬가지로 불충분할 것이다. 배우들이 말을 하지 않는다면, 〈페르귄트〉 역시 더는 입센의 것이라고 할 수 없다.

　　어떤 점에서 소설은 더 나쁜 상황에 처해 있지만, 또다른 점에서는 더 낫다고도 할 수 있다. 시간 순으로 서술된 피상적인 문학에서 극적인 것과 서술적인 것 사이의 경계선은 종종 무시되는 것이 사실이다. 소설 코너의 베스트셀러들은 종종 성공적인 극으로 바뀌지만, 브로드웨이에서 장기적으로 흥행하고 있는 어떠한 사회극도 그 형태를 신문의 연재소설로 바꾸지 않는다. 그러나 문학이 정점에 있는 곳에서는 깊은 차이가 뚜렷하게 느껴진다. 소설을 포함한 서사예술은 인물의 경험과 발전을 추적하는 반면, 연극은 인물의 갈등에 의존한다. 개인의 단순한 모험은 좋은 연극에 결코 충분하지 않으며, 영화극의 구성에도 충분하지 않다. 소설에서 대립하는 상대 인물은 주인공의 인생사를 보여주기 위해 필요한 사회적 배경의 일부일 뿐이다. 그들은 극적인 갈등에 필수적인 독립적인 의미를 가지지 않는다. 소설이 단지 소설이며 극적 플롯이 무엇인지를 소설적으로 렌더링한 것이 아니라면, 스크린 위로 옮긴 소설은 생명이 없고 영감을 주지 못할 것이다. 그러나 한편으로 영화극은 연극보다 훨씬 더 인간 행동의 배경을 강조하며, 이러한 특성을 소설과 공유한다. 사회적이고 자연적인 배경은 모두 이야기 속 주인공의 성장을 위한 실제 장치들이다. 이러한 특징은 영화극으로 쉽게 옮겨질 수 있기 때문에, 일부 영화화된 소설은 연극에서 온 영화극 장면보다 우위를 점하기도 한다. 그러나 영화 시나리오에는 연극도 소설도 충분하지 않다는 결론이 유일하게 남는다. 영화극 예술가는 삶 자체로 돌아가서 그의 특별한 예술 안에 특징적인 형태로 삶을 재구성해야 한다. 만약 그가 스크린 세상의 기본적인 의미를 정확하게 알고 있다면, 그의 상상력은 그가 무대에서 본 극이나 읽었던 소설을 회상하는 것보다 더 안전하게 그를 인도할 것이다.

새로운 예술적 방법에 대한 이러한 일반적인 전제에 포함된 몇 가지 특별한 요구로 돌아가 보면, 자연스럽게 말과 단어의 역할이 떠오를 것이다. 연극과 소설은 말로 살아간다. 영화극이 자신의 영역에서 보존할 수 있는 생각의 가장 고귀한 수단은 얼마나 되는가? 오늘날 영화극의 많은 부분이 단어와 구절이라는 매체를 통해 우리에게 전달된다는 것을 안다. 그들의 행동만 보고 '리더'에 의해 주어지는 정보를 사전에 알지 못한다면, 그들이 말하고자 하는 내용을 거의 알 수 없다. 기술은 각각의 회사마다 다르다. 일부 실험에서는 발화되는 말을 이미지 자체에 영사하여 말하는 사람의 머리 근처에 눈부신 흰색 글자로 구절을 넣는다. 이는 신문 만화가의 방법과 유사하다. 그러나 대부분은 계속되던 이미지가 중단되고 주인공의 입에서 직접 나온 결정적인 말이나 전체에 의미를 부여하는 설명문이 화면 위로 던져진다. 때때로 이것은 아직 덜 훈련된 청중을 위한 것으로 여겨질 수 있으나, 보통 이 인쇄된 발언은 플롯의 이해에 필수적이며, 이러한 이정표 없이는 가장 지적인 관중조차도 무력함을 느낄 것이다. 오늘날 이러한 극장의 습관은 미학적인 논의가 이루어지지 않는다. 그들은 단지 시나리오 작가들이 여전히 새로운 예술의 기술을 이용하는 데 서투르고 잘 훈련되어 있지 않기 때문에 이 도식을 따르고 있을 뿐이다.

중세 시대의 일부 종교 화가들은 등장인물이 말하고 있을 것이라 생각되는 구절을 그림 자체에 집어넣기도 했다. 그러나 우리는 라파엘로와 미켈란젤로가 회화의 진정한 정신과 어울리지 않는 대화의 방식을 사용했으리라고 상상할 수 없다. 모든 예술은 예술가가 그 예술의 고유하고 진정한 표현형식에 기대고 있는 곳까지 서서히 발전한다. 여기 속하지 않는 요소들은 처음에는 함께 섞여 있는 것 같지만 천천히 사라질 것이다. 미래의 영화극도 분명 이미지의 요소가 아닌 모든 것으로부터 자유로워질 것이다. 설명적인 문구나 약간의 대화 간 무기물적 결합을 보면 영화극의 시작은 연극의 단순한 모방이었다는 것이 분명해진다. 말의 예술과 영화의 예술은 여기에서 강제적으로 결합되어 있다. 이렇듯 언어의 보조도구가 없으면 영화를 이해할 수 없도록 시나리오를 쓰는 사람들은 이 새로운 예술에서 미학적으로 실패한 것이다. 영화극의 해방을 위한 다음 단계는 바로 단호하게 이미지의 언어로만 말하는 극의 창조에 있다.

두 가지 명백한 예외가 정당화될 수 있다. 완전한 장면에 제목이 있다고 해서 영화예술의 내적 요구에 반하는 것은 아니다. "다음 날 아침" "3년 뒤" "남아프리카에서" "첫 단계" "각성" "친구 사이에서" 등과 같은 리더는 미술관 그림의 제목과 같은 역할을 한다. 우리가 그림의 카탈로그에서 어떤 그림이 "풍경화"나 "초상화"라고 불리는 것을 읽게 된다면, 이 단어들이 불필요하게 느껴질 수 있다. 그러나 그 작품의 제목이 "안개에 싸인 런던 브리지"이거나 "교황의 초상화"라는 것을 읽는다면, 그것이 그림 자체의 유기적인 부분은 아닐지라도 그림에 대한 우리의 감상에 영향을 끼칠 수 있는, 가치 있는 암시를 획득하게 된다. 이러한 관점에서 장면의 제목으로서, 혹은 더 좋게는 전체 릴의 제목으로서, 리더는 어떠한 미학적인 이의 없이도 적용될 수 있다. 가능할 뿐만 아니라 완벽하게 정당화되는 다른 경우는 편지, 전보, 포스터, 신문 스크랩과 이와 유사하게 인쇄되거나 글로 쓰여진 소통 수단을 확대하여 모든 단어를 읽을 수 있도록 장면 클로즈업에 도입하는 방법이다. 이 도식은 오늘날의 극에서 빈번하게 사용되고 적절한 방향으로 발전하고 있다. 전보, 간판, 심지어 신문 조각에서 얻은 단어들은 이미지가 우리에게 보여주는 현실의 일부이며, 단어의 의미는 이미지적인 이야기 밖이 아니라 안에 존재한다. 그러나 진정한 예술가는 관객이 태도를 바꾸지 않게 하도록 이러한 기법을 아껴 사용할 것이다. 관객은 이미지 형식에 대한 내적 조정에 계속 머물러야 하며 갑작스레 문장에 대한 적응으로 전환해서는 안 된다. 그러나 그 사용이 과장되지 않는다면, 이 방법은 사진 사이의 자막과 같은 단어를 비예술적으로 사용하는 것과 현저하게 대조되는 적절한 방식이다.

영화극의 순수성이라는 측면에서 설명하는 단어들을 비난하는 것은 축음기의 어컴퍼니먼트[2]에 대한 반대로 이어진다. 에디슨과 같이 기술적이고 과학적이며 사회적인 관심이 있으나 활동사진의 발전에서 실제 미학적인 관점을 고려하지 않았던 사람들은, 당연히 극의 시각적인 모방이 청각적인 모방에 의해서 개선될 수 있을지에 대해 질문하기 시작했다. 그다음 아이디어는 키네마토스코프를 축음기와 연결하는 것이었고, 눈에 보이는 입술의 모든 움직임과 함께 단어의 들을 수 있는 소리가 장치의 진동판에서 나가도록 완전히 동기화하는 작업이었다. 이 문제에 천착했던 모든 사람은 상당한 어려움을 겪었다. 이러한 시도가 극장 관객들에게 사실상 실패했다는 것으로 드러났을 때, 기술적인 문제를 완벽하게 해결하지 못하는 무능을 비난하는 경향을 보였다. 그들은 미학적이고 내적인 것이 여기에서 진정한 어려움이라는 사실을 인지하지 못했던 것이다. 목소리가 이상적으로 완벽하게 들리고 화면의 움직임과 정확히 일치했을지라도, 미학적인 부분에 몰두하는 관중에게 주는 효과는 실망스러웠을지도 모른다. 영화극은 시각적 순수성이 파괴되면 얻는 것이 없이 단지 잃을 뿐이다. 동시에 보고 듣는다면 실제 연극의 극장에 더 가까워질 테지만, 이는 무대를 모방하는 것이 우리의 목표일 때만 요구된다. 그러나 그것이 목표라면 실제 연극 공연에 비해 어떤 최상의 모방도 뒤떨어진 것으로 보일 수밖에 없다. 영화극 자체가 예술이라는 것을 명확하게 이해하고 나면, 발화되는 말들을 보존하는 것은 대리석상의 옷에 색을 입히는 것만큼 방해가 되는 일이 될 수도 있다.

　　음악을 동반하는 일은 다른 얘기다. 비록 음악이 오늘날 영화 극장에서 사용될 때 대다수의 경우 그렇게까지 나쁘지는 않을지라도, 오페라에서 노래하는 것처럼 이 자체가 영화극의 유기적인 부분이라고는 아무도 생각하지 않을 것이다. 그러나 선율적이며 조화로운 반주의 필요성은 항상 있어왔으며, 품위 있는 음악에 대한 가장 부족한 대체품도 용인됐는데, 그 이유는 어두운 극장에서 어떠한 음조의 동반도 없이 긴 릴을 보는 일은 평균적인 관객에게 지극히 피로할뿐더러 힘들기 때문이다. 음악은 긴장을 없애고 계속 주의를 깨어 있게

한다. 그것은 완전히 그 안에 포함되어 있어야 한다. 물론 대부분의
사람은 음악이 없으면 불편함을 느끼지만, 동시에 어떤 특별한 작품
이 연주되는지는 알아채지 못한다. 물론 음악이 이러한 리드미컬한
화음에 의해 마음을 안정시키는 일에만 제한될 필요는 전혀 없다. 음
악은 화면의 상영에 맞게 조정될 수 있고 또 그래야만 한다. 보다 야
심찬 영화사들은 이러한 요구를 분명히 인식하고, 어컴퍼니먼트로
연주할 음악작품의 선택을 정확하게 제안하는 동시에 그들의 새로
운 극을 제시하고 있다. 음악은 플롯의 일부를 설명하지 않고, 말이
하는 것처럼 이미지를 대체하지 않으며, 단지 감정적 설정을 더 강화
한다. 영화극예술이 미학적 인정을 받게 된다면 작곡가들은 다른 음
악 형식을 작곡할 때와 같은 열정으로 아름다운 영화극을 위한 악보
를 쓰기 시작할 것이다.

　　발화되거나 활자화된 언어라는 참을 수 없는 경우를 한쪽에 두
고, 감정에 딱 들어맞는 음악의 렌더링이라는 완벽하게 환영받는 경
우를 다른 쪽에 둔다면, 이 사이에 영화극 제작자들이 상영에 사용하
기를 즐겨하는 소음이 있다. 말들이 달릴 땐 틀림없이 말발굽 소리
가 들리고, 비나 우박이 떨어지고 번개가 칠 땐 반드시 후두둑 물 튀
기는 소리나 뇌우 소리가 들린다. 우리는 총 쏘는 소리, 기차 경적, 배
위에서 시종時鐘치는 소리, 구급차 지나가는 소리, 개 짖는 소리, 그리
고 찰리 채플린이 계단에서 넘어질 때 나는 소리도 듣는다. 그들은
심지어 '올에펙스allefex'라는 이름의 복잡한 기계를 사용하는데, 이것
은 서로 다른 50가지 이상의 소리를 만들어낼 수 있고 어떠한 급한
상황에서도 요긴하게 쓰일 수 있다. 어쩌면 자막의 설명보다도 상상
력에 대한 이러한 호소로부터 영화극을 해방시키는 일이 더 오래 걸
릴지도 모르겠으나, 궁극적으로는 둘 다 언젠가 사라져야만 할 것이
다. 이 둘은 이미지로 구성된 예술작품에 존재할 권리가 없다. 이것
들이 단순히 정서적인 긴장을 고조시키는 경우라면 음악 자체에 개

입될 수 있겠으나, 이야기의 일부를 설명하는 경우라면 또다른 영역의 침범으로서 배제되어야 한다. 차라리 장미 정원의 회화작품을 장미 향수에 적셔서, 관람자들이 장미 그림을 볼 때 향기를 느낄 수 있도록 개선하는 편이 나을 것이다. 한 예술의 한계가 실제로는 그 예술의 강점이며 그 경계를 넘어서면 강점은 오히려 약해진다.

영화극의 색에 대해서도 부정적인 태도를 취할 것인지는 좀더 논의해볼 여지가 있다. 색채의 특징과 자연의 색조를 영화 안에 포착하려는 사람들이 그동안 얼마나 놀라운 기술적 진보를 이룩했는지는 다들 알고 있다. 실제로 색으로 내는 가장 매력적인 효과는 대부분 오늘날에도 인공적인 스텐실 기법으로 제작된다. 여느 보통의 컬러 인쇄처럼 이미지는 단순하게 세 가지 색깔로 인쇄된다. 릴에 담긴 수천 장의 사진들을 위해 스텐실을 자르는 일은 엄청난 작업이다. 그러나 이러한 어려움은 극복되고 있다. 이 방식을 통해 원하는 어떠한 색상 효과도 얻을 수 있고 그중 가장 잘된 표본들은 타의 추종을 불허할 정도로 아름답다. 그러나 과도하게 힘든 작업이라 대중적인 방식이 되긴 어려울 것이다. 색을 포착해 직접 촬영하는 방법이 완전해지기만 하면 훨씬 더 간편할 듯하다. 오늘날 이미 이러한 이상에 도달했다고 말하긴 아직 어렵다. 빨강, 초록, 보라, 세 개의 스크린을 통해 연속적으로 사진을 찍고 나중에 이러한 색상의 스크린을 통해 사진을 투사하는 것이 과학적으로 가장 좋은 접근 방식으로 보인다. 그러나 이는 비용이 엄청나게 증가할뿐더러 매초 찍힌 사진들을 복제해야 하는 어려운 작업이다. 실질적인 진보는 소위 '키네마컬러 kinemacolor'[3]의 방향으로 확보되고 있는 것이 더 확실해 보인다. 이 효과는 두 개의 스크린만 사용하는데, 아직 그리 만족스러울 정도는 아니다. 파란빛의 인상은 약화되고 붉은빛과 녹색 빛만 강조되기 때문이다. 게다가 빨간 빛이나 녹색 빛이 강하게 번쩍이면 시야는 이따금 흐트러지고 만다. 그러나 시작단계에서는 매우 우수함을 보였으며 기술적인 문제는 가까운 미래에 완벽히 해결될 것으로 기대된다. 이것은 동시에 미학적인 문제에 대한 해답이 될 수도 있을까?

컬러 이미지를 주장하는 사람들은 발전의 현 단계에서 자연스러운 컬러 사진이 외부 사건을 렌더링하기에는 불만족스럽다고 주장해왔다. 이는 재현되는 과학적이고 역사적인 사건들이 현실과 정확히 똑같은 색을 요구하기 때문이다. 이러한 진행 과정이 영화극에서는 이미 충분해 보이는데, 여기에서는 어떠한 객관적인 색채도 요구되지 않기 때문이다. 한 여자가 입고 있는 가운이나 바닥 위의 깔개 등에서 빨간색과 초록색은 너무 선명하게, 파란색은 너무 흐릿하게 보이더라도 그렇게 큰 차이는 없다. 미학적 관점에서 우리는 반대의 결론에 도달해야 한다. 역사적인 사건들에 대해서 현재의 기술적인 방법은 대체로 만족할 만하다고 말이다. 그 유명한 영국 대관식 사진들은 무척 뛰어났으며 이는 거의 전적으로 풍부한 색채 효과에서 얻어진 것이다. 그들은 단순한 흑백 이미지보다 훨씬 더 많은 것을 제공했으며, 그 찬란한 색상의 화려함과 광채는 푸른 색조가 덜하다고 크게 나빠지지는 않았다. 이런 이미지들이 리본 가게에 있는 색깔을 맞춰보려고 보여지는 것도 아니지 않은가. 오늘날 뉴스 이미지들을 위해서도 키네마컬러와 그 비슷한 기술은 탁월하다. 그러나 영화극으로 돌아오면 그 질문은 더이상 기술의 문제가 아니다. 다시 말해 우리는 무엇보다도 채색이 얼마나 영화극의 목적에 부합하느냐는 문제를 앞에 두고 있다. 색채의 아름다움에 의해 개개의 이미지가 갖는 효과가 향상된다는 데는 의심의 여지가 없다. 하지만 그것이 영화극의 아름다움까지 고조시킬 수 있을까? 색은 다시 이 특정 예술의 본질적인 한계를 넘어서는 추가 요소가 아닐까? 우리는 밀로의 비너스의 볼을 색칠하지 않을 것이며, 채색된 메리 픽퍼드Mary Pickford[4]나 아니타 스튜어트Anita Stewart[5]를 보고 싶지도 않다. 우리는 영화극예술의 고유한 과제가 현실에 대한 광범위한 무시를 통해서만 달성될 수 있음을 알고 있다. 실제 인간과 풍경은 뒤에 남겨두고, 우리가 이미 보았듯 이것들은 변형되어 오로지 회화적으로만 암시되어야 한다. 우리 내적 경험의 놀라운 유희가 스크린 위에서 실현되도록 이러한 회화적 비현실성은 강하게 의식되어야 한다. 색채가 더해지면 비현실성이 의식되는 데 심각하게 방해될 수 있다. 다시금 우리는 풍부한 색채로 우리를 감싸는 세계에 너무 가까워진다. 우리가 그것에 더 많이 접근할수록 영화극의 이상인 내면의 자유, 자연을 뛰어넘는 마음의 승리와 멀어진다. 색채는 거의 음성만큼이나 해로울 수 있다.

반면 제작자들은 현실과의 접점이 충분히 유지되도록 신경써야 한다. 그러지 않으면 전체 극이 기대고 있는 정서적인 관심이 깨질 수 있기 때문이다. 우리는 배우들을 실제라고 여겨서는 안 되지만, 실존 인물과 관련된 모든 감정과 유대 자체를 그들과 연결 지을 수 있어야 한다. 이는 평면적이고 무색인 회화적 환경 속에서 인간의 본질적 특성을 공유할 때만 가능하다. 이러한 이유로 관객들에게 자연스러운 크기의 인상을 제시하는 일이 중요하다. 이미지 속 사람과 사물의 정상적인 크기에 대한 상상력의 요구는 매우 강해서, 우리는 쉽고 지속적으로 과도한 확대나 축소를 극복해버린다. 우리는 처음에 일반적인 크기의 한 남자를 본다. 그런 다음 클로즈업을 통해 크게 확대된 그의 머리가 보여진다. 그러나 그 사람 자체가 확대되었다고 느끼지는 않는다. 그보다는 특유의 심리적인 치환으로 인해 우리가 그에게 더 가까이 갔고 거리가 좁혀짐으로써 시각적 이미지의 크기가 증가했다고 느낀다. 만일 전체 이미지가 너무 크게 확대되어서 사람들이 계속 보통의 크기 이상으로 보인다 해도, 우리는 심리적 억제에 따라 거리에 대해 자신을 속이고 실제보다 스크린에 훨씬 더 가까이 있다고 믿는다. 따라서 우리는 본능적으로 정상적인 모습에 대한 인상을 받는다. 그러나 이러한 마법은 쉽사리 깨질 수 있으며, 그

후 미학적 효과는 급격히 줄어든다. 영사기가 종종 스크린에서 너무 멀리 있는 영화관에서는 화면 속 사람들의 크기가 실제 사람들보다 서너 배 더 크기도 하다. 그럼에도 환영은 완벽하다. 관객들이 스크린 주변에서 무언가를 보지 않는 이상 거리를 잘못 판단하기 때문이다. 하지만 화면 바로 밑에서 피아노를 치고 있는 여자에게로 시선이 닿으면 환영은 깨진다. 스크린 속 거대한 거인이 피아노 연주자 몸의 반만한 크기의 손을 갖고 있다는 것을 본다면 극이 주는 즐거움의 원천인 정상적인 반응이 억눌리게 된다.

세부 사항으로 들어갈수록 새로운 예술의 기본 원칙에서 비롯된 특별한 심리적 요구가 추가될 수 있다. 이러한 요구사항은 새로운 예술의 근본 원리들에서 기인한다. 그러나 이러한 논의에서 가장 중요한 역할을 맡는 지점, 즉 적절한 주제 선택을 요구하고자 한다면 여기에는 오해의 소지가 있을 수 있다. 트릭 이미지와 영화의 환영에 대한 무한한 가능성을 염두에 두고 있는 작가들은 어떤 연극 무대도 경쟁할 수 없기 때문에 마법의 경이로움이 있는 동화가 주요 영역이 되어야 한다고 선언한다. 얼마나 많은 사람이 〈넵튠의 딸〉을 즐겼는가. 파도 타는 인어, 해안가에서 갑자기 문어로 변하는 마녀, 즐겁게 노니는 물의 정령들이라니! 또한 니코티나 공주⁶가 작은 궐련 담배 상자에서 나와 탁자를 따라 여행할 때 얼마나 많은 사람이 그녀에게 홀렸는가! 어떠한 연극의 극장도 상상력이 주는 이러한 황홀경을 감히 흉내낼 수조차 없다. 또다른 작가들은 아름다운 행렬과 밀려드는 군중이라는 장관을 담을 수 있는 독보적인 가능성에 관해 이야기한다. 우리는 수천 명의 사람을 바다로 가는 셔먼의 대행진에서 본다. 이를 무대 위에 옮기려는 시도는 얼마나 가망 없는지! 투우사가 소와 싸우고 스페인 아레나의 군중이 열광에 찬 광란에 빠지기 시작할 때, 대체 누가 이를 오페라 〈카르멘〉이 울려퍼지는 가운데 그림으로 그려져 있는 아레나의 회화적 관중들과 비교할 것인가. 또한 어떤 사람들은 역사극이나 특히 일상적이지 않은 풍광을 배경으로 하는 극들의 가능성을 강조한다. 그러한 배경에선 열대지방과 산악지대의 아름다움, 태양과 정글의 아름다움이 관객에게 생생하게 전달된다. 실제 팔레스타인의 모습을 담은 성서 극이나 실제 그리스나 로마를 배경으로 하는 고전적인 플롯은 전 세계 수백만 사람들을 감동시켰다. 그러나 대부분의 작가는 영화극을 위한 진정한 현장은 우리를 둘러싼 실생활이라고 주장한다. 문학이나 연극의 어떠한 예술적인 수단도 삶의 세세한 부분을 그토록 설득력 있고 사실적으로 표현할 수 없기 때문이다. 그러한 섬세함이란 문학가의 색안경이나 외부인의 공상을 통해서는 보이지 않는, 혐오스러울 정도로 모두 속속들이 들여다보이는 슬럼가 같은 곳이다. 범죄가 숨어 있고 악덕이 급속도로 자라나는 메트로폴리스의 어두운 구석이다.

　　이들 말은 모두 옳다. 그러나 하나를 추켜세우면서 다른 것을 희생시킨다면 모두 잘못된 것이기도 하다. 현실적이면서 이상적이고, 실용적이면서 낭만적이며, 역사적이면서 현대적인 주제는 영화극이라는 예술에 적합한 재료들이다. 이 세계는 문학의 세계만큼이나 무제약적이고, 다루는 스타일도 마찬가지다. 만일 진정한 유머라면 유머러스한 것이고, 진정 비극이라면 비극적인 것이며, 즐거운 것과 고독한 것, 명랑한 것과 비참한 것, 릴이 반개이거나 다섯 개이거나 관계없이, 이 모든 것은 새로운 예술에 대한 요구를 충족시킬 수 있다.

# 제11장 영화극의 기능

열광자들은 미국에서 하루에 천만 명이 영화관을 찾는다고 주장한다. 회의론자들은 하루 관객수가 '단지' 2, 3백만 명에 불과하다고 믿는다. 그러나 어떤 경우든 '영화'는 이 나라, 아니 전 세계에서 가장 대중적인 오락거리가 되었고, 그 영향력은 우리 시대의 가장 강력한 사회적 에너지가 되었다. 또한 영화의 대중성과 영향력이 나날이 증가하고 있다는 징후들이 나타난다. 불과 얼마 전까지는 꿈도 꾸지 못했던 이러한 현상의 원인은 무엇이며 또 그 결과는 무엇인가?

극장이 이렇게 붐비는 주요 원인으로 저렴한 입장료를 지목하는 경제학자들의 말은 확실히 옳다. 5센트 혹은 10센트로 극장의 가장 훌륭한 좌석에서 긴 시간의 스릴 넘치는 오락을 즐길 수 있다는 측면은 연극 극장이나 연주회보다 강력한 유인책이 된다. 그러나 입장료의 인상에도 불구하고 영화를 향한 쇄도는 꾸준히 증가하고 있다. 10센트는 25센트가 되었고, 지난 두 시즌 동안에는 매우 야심 찬 영화가 연극의 입장료 전액과 같은 가격을 지불한 관객들에게 제공되었다. 새로운 관객의 성격도 입장료가 저렴하다는 점만이 결정 요인이 아니라고 시사한다. 6년 전[1910년]에는 날카로운 사회학적 관찰자들이 영화관 관객을 "어린이들이라는 적은 할당량을 제외하면, 중하층 계급과 공공 대중, 사춘기와 성인 사이의 청년, 여점원, 소매업자, 행상인, 노동자, 가정부"라고 특징 지었다. 오늘날에는 이것을 거의 정확한 묘사라고 할 수 없다. 이들 "하위 중산층 계급"에 이미 상위 중상층 계급이 합류했다. 물론 이미 잊힌 우리의 관찰자는 여기에 온화하게 덧붙인 바 있다. "그러고 나서, 호기심에 이끌려 공연이 끝날 때까지 관심을 가지고 그 자리를 지키게 되는, 여러분과 같은 우월한 한두 명이 등장한다. 이런 유형은 자신의 우월성을 주장하고 자존감을 지키기 위해 큰소리로 냉소하지만, 나가야만 할 때까지 영화관을 절대 떠나지 않는다." 오늘날 여러분과 나는 그곳에서 더 자주 목격되었으며, 우리는 거기에서 우리 친구들을 보고 그들이 냉소적 태도 따위는 버리고 당연하다는 듯이 새 영화극에 대해 이야기하는 것을 발견한다.

무엇보다도 저렴한 관람료에 의해 이끌려온 이들조차, 영화를 진짜로 즐기지 못하고 또 몇 시간 동안 붙들려 있을 만큼 재미를 느끼지 못했다면 작은 매표소 창에 그렇게나 자주 10센트 동전을 밀어넣지는 않았을 것이다. 어쨌든 영화극의 내용이야말로 이 비할 데 없는 승리의 결정 요인임에 틀림없다. 그러나 이로부터 장점과 뛰어난 점만이 영화의 성공의 진정한 원인이라고 결론지을 권리는 우리에게 없다. 신랄한 비평가는 바로 그 반대 특성이 성공 원인이라고 제안할 것이다. 그는 평균적 미국인이란 비즈니스와 래그타임,[1] 흔한 감상의 혼합체라고 말할 것이다. 그는 니켈 동전 하나로 그렇게 많은 것을 얻을 수 있다는 점에서 비즈니스 본능을 충족할 것이고, 슬랩스틱 유머 속에서 래그타임을 즐기며, 프로그램을 채우는 터무니없는 멜로드라마로 흔한 감상을 만족시킨다. 이것은 제법 사실처럼 들리지만, 전혀 사실이 아니기도 하다. 영화 무대를 개선하기 위한 끊임없는 노력은 모두 성공해왔다. 영화가 더 나아질수록 관객들도 그 점을 더 승인하게 될 것이다. 영화극을 그렇게까지 매력적이게 심지어는 마음을 사로잡도록 만드는 내적 가치가 존재하는 것이 틀림없다.

기술 외에는 아무것도 관심을 끌 수 없었던 초기 시절처럼, 오늘날에도 어느 정도는 이미지의 순전한 기술적인 영리함이 사람들의 관심을 사로잡는다. 단지 움직임만을 보여주는 것이 감명을 잃은 오늘날에도 우리는 여전히 독창적인 모든 특수효과에 깜짝 놀란다. 게다가 우리는 많은 설정의 부인할 수 없는 아름다움에 사로잡힌다. 멜로드라마는 수준이 낮을 수도 있다. 그렇다 해도 유사한 비극적 천박함이 진짜 연극에서 그랬을 것만큼 심하게 교양 있는 정신을 괴롭히지는 않는데, 그것은 적어도 알래스카의 눈밭이나 플로리다의 야자나무를 빛나는 배경으로 삼을 수 있기 때문이다. 지적 흥미 역시 만족을 찾는다. 우리에게 생소했던 공간에 대한 통찰력을 얻을 수 있다. 인류의 관심사로부터 동떨어진 지역이 연극 무대에 제시될 때, 대개 우리는 일반적으로 표준화된 암시만으로 만족해야 한다. 영화에서 극은 정말로 우리를 지구 모든 곳의 제분소와 공장, 농장과 광산, 법정과 병원, 성과 궁전에 데려다줄 수 있다.

그러나 영화극의 더 강력한 힘은 아마도 그 자체의 극적 가치에 있을 것이다. 극의 리듬은 부자연스러울 정도의 빠른 속도로 특징 지어진다. 삶에서와 마찬가지로 극에서도 행동 사이의 간격을 채워주는 말이 영화에서는 없기 때문에, 제스처와 행동 자체가 훨씬 더 빨리 서로의 뒤를 이을 수 있다. 무대에서라면 한 시간은 채울 사건이 스크린에서는 20분을 채우기 어렵다. 이것은 청중에게 생명감을 고조시킨다. 그는 마치 개인적 활기를 일깨우는 더 날카로운 강조와 함께 누군가의 삶을 통과하는 듯 느낀다. 영화극의 일반적 구성은 이

효과를 강화할 것이 틀림없는데, 그것은 영화극의 언어적 결여가 어느 정도 단순화한 사회적 갈등을 선호하기 때문이다. 인물이 가진 동기의 훨씬 미묘한 음영에 대한 접근은 자연히 발화를 요구한다. 입센의 후기 극은 영화로 변형되기가 거의 어렵다. 언어가 부재할 때 등장인물들은 정형화되고 동기는 그 복잡성을 잃는 경향이 있다. 영화극의 플롯은 보통 모든 사람에게 공통적이고 다들 이해할 수 있는 기본적 정서에 기초를 두고 있다. 사랑과 증오, 감사와 질투, 희망과 두려움, 연민과 미움, 회개와 죄악, 그리고 이와 유사한 모든 거친 감정이 대부분의 시나리오 구성에 충분했다. 영화극의 더 성숙한 발전은 틀림없이 이러한 원초적 성격의 등장인물을 극복하게 될 것인데, 왜냐하면 인간 삶을 단순한 본능으로 축소하려는 이러한 노력이 영화극에 매우 편리하기는 하지만 필수적인 것은 전혀 아니기 때문이다. 어떤 경우든, 이러한 경향이 주도하는 곳에서는 삶에 대한 개인적 정서를 자극하고 강화하며, 인간 정신의 깊숙한 곳을 일깨우는 것이 크게 도움이 될 것이 분명하다.

그러나 영화극만의 특유한 만족감의 가장 풍요로운 원천은, 아마도 이 새로운 예술에 중요하고 또 우리가 그 심리적 조건을 이해하고 있는 미학적 정서일 것이다. 거대한 외부세계는 무게를 잃었고, 공간과 시간, 인과관계로부터 자유로워졌으며, 우리 자신의 의식이라는 형태의 옷을 입었다. 정신은 물질에 대해 승리를 거두었고, 이미지들은 음악의 음계와 같은 용이함으로 굴러간다. 이것은 어떤 다른 예술도 제공할 수 없는 뛰어난 즐거움이다. 새로운 여신을 위한 성전이 모든 작은 마을마다 세워진 것은 놀라운 일이 아니다.

극이 관객을 붙드는 강렬함은 강력한 사회적 효과 없이는 유지될 수 없다. 감각적 환각과 환상이 발생한다는 사실이 보고되었다. 신경쇠약 환자들은 스크린에서 보는 것에서 촉각이나 온도, 후각, 청

각적 인상을 경험하는 경향이 특히 강하다. 그 연상은 마치 실제처럼
생생해지는데, 이는 정신이 완전히 영화에 몰두하기 때문이다. 멜로
드라마 영화의 행복한 전개에서 관객들, 특히 시골 공동체에서 터져
나오는 박수갈채는 기이한 매혹의 또다른 징후다. 그러나 이러한 침
투적 영향력에 위험이 수반될 것이라는 점은 분명하다. 인상이 마음
속으로 더 생생하게 밀고 들어올수록, 모방과 다른 운동적 반응의 시
작점이 되기는 더욱 쉬워진다. 범죄와 악행을 보는 것은 재앙적인 결
과를 초래하는 의식 상태를 강요할 수 있다. 평소의 저항은 무너지
고, 협소한 일상의 습관적 자극 아래 유지되었을 도덕적 균형은 실제
와 같은 암시의 압력 아래서 실종될 수 있다. 동시에 젊은이들의 미
묘한 민감성은, 어두운 영화관에서 마음을 마비시키는 속도로 이어
지는 희극과 열정적 로맨스 사이의 거친 대조로부터 고통을 받을 수
있다. 심리적 감염과 파괴의 가능성은 간과될 수 없는 것이다.

    심각한 범죄의 발생이 직접적으로 불건전한 영화극이 유발한
충동으로 거슬러올라갈 수 있는 경우는 매우 예외적이겠지만, 어떤
심리학자도 얼마나 많은 보통의 의롭고 정직하고 성적으로 정숙하
며 겸손한 영혼들이 도덕적 기준이 낮은 극의 억제되지 않은 영향력
때문에 유약해질 수 있는지는 정확히 알지 못한다. 모든 국가는 이러
한 사회적 위험에 대해서 인지하고 있는 것으로 보인다.[2] 불미스러
운 프랑스 희극이 젊은이에게 독이 되었던 시절이 바로 얼마 전이었
다. 강력한 반작용이 그 틀을 잡았고, 영화극 제작의 주도적인 기업
들이 모든 곳에서 불건전한 영화를 억압하기 위해 최전선에서 싸우
고 있다. 어떤 기업들은 고상하고 자유주의적이며 예술적인 자유와
도덕적 방종 사이를 혼동하지 않는다는 조건하에 검열을 환영하기
도 한다.[3] 그러나 확실히 대부분은 연방 차원의 검열을 향한 새로운
움직임이 공적 표현의 자유에 있어 미국적 이상과 조화를 이루는지
의 여부에 의구심을 품고 있는 것처럼 보인다.[4]

위험의 근원을 간과할 수 없지만, 한편으로 사회개혁가는 영화가 발휘할 수 있는 선을 위한 엄청난 영향력에 관심을 계속 기울여야 한다. 매일 수백만의 사람들이 스크린 위의 공연에 매료된다는 사실이 확실해졌다. 어두운 건물 안에서 몇 시간 동안 그들이 가지는 고도의 피암시성은 당연할지도 모른다. 그러므로 영화극에서 발산되는 건전한 영향력은 국민의 영혼을 재주조하고 세워주는 비할 데 없는 힘을 가지고 있음이 틀림없다. 이런 관점에서 본다면, 스크린에서 그날의 뉴스나 잡지 기사를 보여주는 그저 유익한 움직이는 영상과 영화극 사이의 경계선이 지워진다. 공동체의 지적, 도덕적, 사회적 및 심미적 문화는 양쪽에 의해 제공될 것이다. 선도적인 교육자들은 보편적 문화 단체Universal Culture Lyceum의 설립을 지지하는 데 동참했다. 이 계획은 과학, 역사, 종교, 문학, 지리, 인물, 예술, 건축, 사회과학, 경제 및 산업 분야에서 사진 이미지를 사용한 연구 및 해당 지역의 청소년 교육을 위한 영화를 만들고 유포하는 것이다. 이 문화 단체로부터 "학교와 교회, 대학은 촬영할 수 있는 모든 영역에서 최근 연구 결과와 활동을 보여주는 영화를 제공받을 것이다".

하지만 교육을 향한 그런 의식적 노력이 많은 것을 성취할 수 있다 할지라도, 교육적 의의에 관한 의식이 없이 대중이 찾는 일반 영화관에서 더 큰 공헌이 이루어져야 한다. 영화를 통한 가르침은 그런 것에 무관심한 관객에게 강요되어서는 안 되며, 영화에서 오락이나 즐거움을 찾기 위해 약간의 경제적 희생을 할 준비가 되어 있는 사람들에게 자연스럽게 흡수되어야 한다.

성취의 측면에서는 순전히 지식적인 부분이 가장 쉽다. 뉴스영화와 과학적 시연뿐만 아니라 영화극도 남녀노소를 지식의 새로운 영역으로 이끌 수 있다. 관중의 호기심과 상상력은 즐겁게 따라갈 것이다. 그러나 지적 영역에서도 위험성이 간과되어서는 안 된다. 위험은 긍정적이지 않다. 이는 도덕적 영역에서 반사회적 욕망을 일으키는 범죄 광경에 의해 건전한 도덕적 충동이 시험받는 그런 것은 아니다. 그 위험은 알아서는 안 되는 사실에 대해 통찰력을 열어주는 영상을 말하는 것이 아니다. 피해야 하는 것은 위험한 지식이 아니라, 알 가치가 없는 것과 꾸준히 접하는 것의 진부한 영향력이다. 오늘날 영화문학의 상당한 부분은 이런 의미에서 분명히 유해하다. 대부분 영화극의 지적 배경은 지루하다. 연극의 대사가 가져올 수 있는 섬세한 동기 없이 줄거리를 설명함으로써, 등장인물은 색깔을 잃을 뿐 아니라 생각 없는 대중들이 적응할 정도로 모든 장면과 상황이 단순화되며, 이는 지적으로 훈련된 관중에게 견딜 수 없는 것이다.

그들은 오늘날 뮤지컬 코미디에서 경험할 만한 감정을 교양 있는 정신에 강요한다. 우리는 이전에 자주 들었던 것 같은 느낌으로 계속해서 멜로디를 듣는다. 이러한 독창성과 영감의 부족은 필수적인 것이 아니다. 이것은 예술형식 안에 속해 있는 것이 아니다. 오펜바흐나 슈트라우스, 다른 이들도 뮤지컬 코미디를 작곡했고, 그 작품들은 고전이 되었다. 이와 마찬가지로 이야기가 무미건조하고 단조롭고 영감을 받지 못한 방식으로 전달되어야 하는 점이 영화극의 형식 안에 들어 있는 것이 아니다. 또한 그것이 수백만 명에게 도달하기 위해 반드시 필요한 것도 아니다. 지성에 호소하는 것은 대학 교육을 전제로 하지 않는다. 게다가 섬세한 분화는 벌써 시작되었다. 버나드 쇼나 입센의 극 등은 〈올드 홈스테드The Old Homestead〉나 〈벤허〉가 만난 관중과는 다른 관중을 대상으로 한다. 이처럼 우리는 이미 다양한 유형에 적응된 영화극을 가지고 있으며 스크린의 예술과 지적인 약점을 연결할 최소한의 이유도 없다. 모든 추론이 이른바 교육적인 이미지에 국한되고 영화극이 지적인 첨가물 없이 제공된다면 지적 문화에는 이득이 되지 않을 것이다. 반대로 엄격하게 교육적인 강의의 매력은 제작자의 희망만큼 깊지 못할 것이다. 왜냐하면 훈련되지 않은 정신, 특히 청소년 및 교육을 받지 못한 관중은 익숙하지 않은 환경에서 발생하는 사건의 급속한 전개를 따라가는 데 상당한 어려움이 있기 때문이다. 어린이들은 공장에서 일어나는 일을 보고 아주 적은 부분만 이해한다. 심리적, 경제적 강의는 상당히 헛될 것이다. 왜냐하면 관찰력이 충분히 발달하지 않았고 이해는 너무 느리게 진행되기 때문이다. 하지만 그 이면에 있는 인간의 관심이 영화극 안에서 사건들과 연결될 때 사태는 달라진다.

올바른 도덕적 영향력을 행사하는 방식의 어려움은 지적 분야보다 여전히 더 크다. 확실히 릴의 마지막 몇 장이 보여주는 이미지에서 악당을 처벌하는 것만으로는 충분하지 않다. 만약 악이나 범죄의 장면이 매력과 화려함으로 보여진다면, 그런 외설적인 쇼의 도덕 파괴는 그후 부가된 사회적 반응이 있다고 해도 취소되지 않는다. 현혹된 소년 혹은 소녀는 그들이 함정에 빠지지 않는 일에 충분히 성공했다고 확신할 것이다. 그러나 최근 몇 년간 심리학자들에 의해 더욱 잘 이해된 메커니즘을 통해 정신은 비밀스러운 소망과 반대되는 생각을 숨기고 '잠재의식적인' 충동을 실현시킴으로써 그 생각이 자라나게 만든다. 유명한 범죄학자가 최근에 다음과 같이 주장한 것은 아마도 과장된 표현일 수 있다. "조사된 청소년 범죄의 85퍼센트는 직접적이든 간접적이든 스크린에서 어떻게 범죄가 일어날 수 있는지 보여주는 영화로 추적 가능하다는 점이 밝혀졌다." 하지만 확실히 이러한 제시가 혼란을 불러일으키는 한, 마지막에 배심원들이 오판하도록 만드는 데 실패한 강도가 등장하는 생생한 법정 장면에 의해 그 영향력이 소멸하지는 않을 것이다. 진정한 도덕적 영향은 극 자체의 긍정적인 정신에서 나와야 한다. 절제와 경건에 대한 영화극의 교훈은 경솔하거나 부패하거나 비뚤어진 공동체를 재건하지 못한다. 진정한 건설적인 극은 도덕과 종교에 관한 설교로 각색되지 않는다.

전체 설정에 도덕적 건전성이 있어야 하며, 신선한 공기와 햇빛처럼 당연하게 여겨지는 도덕적 분위기가 있어야 한다. 고귀함과 향상에 대한 열의, 의무와 마음의 규율에 대한 믿음, 이상에 대한 신념과 영원한 가치들은 스크린 안의 세상에 스며들어야만 한다. 그렇다면 영화극이 솔직하고 성실하게 말하지 못할 범죄도, 흉악한 행위도 없다. 영원한 정의에 대한 의식을 강화하기 위해 악과 죄를 부인할 필요는 없다.

그러나 영화극이 우리 사회에서 품을 수 있는 가장 큰 사명은 미학적 수양이다. 그 어떤 예술도 매일 이보다 더 많은 관객에게 도달할 수 없으며, 그 어떤 미학적 영향도 이보다 더 수용적인 마음의 틀을 가진 관중을 찾지 못한다. 다른 한편으로, 미학적 훈련보다 더 지속적이고 계획적으로 마음의 각성을 요구하는 훈련은 없으며, 선생이 학생들의 단순한 취향에 스스로를 적응시킬 때보다 더 어려운 과정은 없다. 만약 관중들이 가장 좋아하는 순간이라고 그들이 믿은 것만을 받아들였다면, 오늘날의 세상은 교향곡 콘서트와 오페라 없이 존재했을 것이다. 진정한 아름다움의 작업을 강화하기 위한 체계적인 노력이 이루어지지 않는 한 미학적으로 평범한 것이 항상 의미 있는 것을 압도한다. 사회구성원들은 처음에는 언제나 베토벤보다 수자John Philip Sousa[5]를 더 선호한다. 영화 관객은 느린 발걸음으로 초기의 무미건조하고 수준 낮은 기이함에서 오늘날 최고의 극으로 옮겨갈 수 있었고, 오늘날 최고의 극조차도 우리가 바라는 영화극을 위한 커다란 상승의 출발점에 불과하다. 대중에게 도달하는 아름다움에 대한 가르침보다 우리 공동체에 더 큰 의미가 있는 가르침은 거의 없다. 도덕적 충동과 지식에 관한 열망은 결국 미국 군중에게 깊게 뿌리내리게 되었지만, 아름다움을 향한 열망은 시작에 머물러 있다. 하지만 이것은 삶의 조화, 통일, 진정한 만족, 그리고 행복을 의미한다. 사람들은 여전히 진정한 즐거움과 순간적인 기쁨 사이, 진정한 아름

다움과 단순한 감각의 말초적 간지럼 사이의 커다란 차이를 배워나
가야 한다.

물론 영화를 미학적 교육의 도구로 만들려는 모든 계획을 조롱
하는 사람들이 오늘날에도 상당수 있을 수 있다. 그 자체로 예술과
반대로 보이는 매체를 통해 어떻게 진정한 예술의 정신을 가르칠 수
있을까? 그 자체로 예술에 대한 패러디인 것으로 조화의 개념을 어
떻게 담을 수 있을까? 우리는 '통조림 연극canned drama'과 기계로 만들
어진 무대에 대한 경멸을 듣는다. 이들은 다른 예술이 기술의 도움을
경멸하는지 아닌지에 대해서는 생각하지 않는다. 서정시가 인쇄된
책도 기계로 만들어졌다. 대리석 흉상도 그리스 조각가의 모델이었
던 살아 있는 여성의 아름다움을 이천 년 동안 '보존'했다. 무대 위의
배우는 인간에게 현실 그대로를 주지만, 영화는 비현실이며 비교할
수 없이 낮은 가치를 지닌다고 말한다. 그들은 시인의 시에서 우리가
즐기는 여름의 장미가 현실에 존재하지 않고 약강격 운문과 운율의
형식 안에만 존재한다는 것을 고려하지 않는다. 그들은 색과 향기 속
에서 살지만 그 색과 향기는 언젠가는 사라진다. 반면에 시 구절 속
의 장미는 영원히 산다. 안타깝게도 사람들은 아직도 예술의 가치가
물리적 자연의 현실에 얼마나 근접한가에 달려 있다고 생각한다.

우리 전체 논의의 주된 과제는 그런 논쟁과 의견에 깊이가 없음
을 입증하는 것이었다. 우리는 예술이 자연을 극복하고 세상의 혼란
스러운 재료로부터 완전히 새롭고 완전히 비현실적인 것을 창조하
는 방법이며, 완벽한 통일성과 조화를 구현하는 방법임을 알아보았
다. 서로 다른 예술은 현실을 추상화하는 각기 다른 방법을 가진다.
그리고 우리가 영화의 심리학을 분석하기 시작할 때, 우리는 곧 시가
음악이나 조형예술과 별개인 만큼, 영화극이 예술의 과제를 연극의
예술과는 독립된 완전한 독창성을 지니고 수행하는 방식임을 알게

되었다. 이것은 그 자체로 하나의 예술이다. 그것이 위대한 예술이
될지, 또한 레오나르도, 셰익스피어, 모차르트가 여기에서도 탄생할
지는 오직 미래만이 우리에게 알려줄 수 있다. 아무도 이 새로운 예
술이 향할 방향을 예견할 수 없다. 원리에 대한 미학적 통찰만으로는
문명의 전개를 예고할 수 없다. 그 어느 누가 4세기 전에 현대 오케스
트라의 음악적 수단과 효과를 내다볼 수 있었겠는가? 음악의 역사는
독창적인 천재가 예술의 일반적인 궤도가 따라가는 길을 어떻게 항
상 불태워버려야 했는지 보여준다. 한 세대에게는 참을 수 없는 불협
화음으로 여겨졌던 음색 조합이 거듭해서 동화되고 환영받으며 마
침내 당연한 것으로 받아들여진다. 영화극이라는 새로운 예술이 어
떻게 펼쳐질지 아무도 예측할 수 없지만, 우리 모두는 오늘날에도 이
러한 발전을 도움으로써, 영화예술을 우리 시대의 독창적인 창조적
표현을 위한 매체로 만들고, 이를 통해 수백만 명의 미적 본능을 형
성하는 것이 가치 있다는 것을 인식해야 할 것이다. 그렇다. 이것은
새로운 예술이다. 바로 이것이 각각 수 세기의 역사를 지닌 기성 예
술들의 세계 속에서, 아직 개발되지 않고 거의 이해되지 않은 새로운
형식을 발견한 심리학자에게 그토록 매혹적인 이유이다. 처음으로
심리학자는 완전히 새로운 미학적인 발전의 시작을 목도할 수 있게
되었다. 기술 시대의 혼란 속에서 진정한 아름다움의 새로운 형식을
말이다. 이 형식은 바로 그 기술에 의해서 태어났으나, 어떤 다른 예
술보다도 더 외부의 정신의 자유롭고 풍부한 유희를 통해 자연을 극
복할 운명을 가진다.

# 우리는 왜 영화관에 가는가
## (1915)

'영화movie' 자체는 항상 움직이고 있다. 그것도 다양한 경로 위에서 움직이고 있음이 틀림없다. 그중 하나는 교육과 지도의 길이다. 15년 전 키네마토스코프가 우리에게 세상사를 보여주고 동시대의 사건을 일별하게 해주며 동물의 세계를 일부 보여준 그 방법은 얼마나 소박했던가. 그 지점으로부터, 유럽에서 일어난 전쟁에 대한 경이로운 영상들 혹은 남극대륙으로 떠난 매혹적인 영화moving-picture 여행과 아프리카 사막에 있는 야생동물에게로 가는 길은 실로 기나긴 여정이었다. 우리는 모두 심해의 놀라운 모습과 낯선 세계의 화려함을 보았다. 가시성可視性의 제국에서 배울 만한 가치가 있다면 무엇이든, 현미경으로 봐야 하는 물방울 속 미세한 원생동물부터 인간과 자연의 가장 거대한 작품들까지, 이 모든 것이 움직이는 영화 안에서는 재미있고 흥미를 불러일으킨다. 수백만의 관객들이 어두운 건물 안에서 지리, 역사, 자연과학을 배웠던 것이다.

그러나 학교 교실과 신문, 도서관을 보완해주는 영화의 힘은 영화의 가장 주된 임무보다 더 중요하다고는 할 수 없다. 그 주된 임무란 오락, 즐거움, 행복을 대중에게 안겨주는 것이다. 극장과 보드빌, 소설은 이제 이 시각예술에 자리를 마련해주어야 하는데, 그것도 충분한 자리를 양보해야 할 것으로 보인다.

그러나 좀더 엄격한 의미에서 영화가 우리에게 예술을 제공한다고 정말 말할 수 있을까? 예술을 애호하는 이들 사이에서 영화가 보여주는 트릭을 무시하고 영화가 비예술적이라고 경멸하는 일은 꽤 오랫동안 유행이 아니었던가? 연극이 공연되는 진짜 극장에 갈 수 있는 능력이 있는 사람들은, 대화가 이루어지는 무대의 명예로움이 결여된 값싼 대체물을 찾아가는 일이 자신들의 수준 이하라고 생각했다. 그러나 그러한 시대는 이미 한참 전이다. 심지어 가장 예술적인 것을 추구하는 관객들도 수준 높은 영화극photoplay을 즐기는 것을 배우고 있다.

내가 바로 그 고상한 척하는 뒤늦은 수용자였다는 것을 솔직히 고백해야 할지도 모르겠다. 지난해까지 나는 실제 영화극을 본 적이 없다. 나는 항상 연극의 극장을 열정적으로 사랑하는 사람이었고, 활동사진 쇼를 보러 가는 것은 하버드대학교 교수에게 품위가 없는 일이라 느껴야만 했다. 이는 마치 보드빌 공연, 밀랍인형 박물관, 축음기 콘서트에 가지 않는 것과 비슷하다. 지난해 보스턴에서 수천 마일 떨어진 곳을 여행하던 중 나와 친구가 〈넵튠의 딸〉을 관람하는 모험을 감행했을 때 전향은 빠르게 이루어졌다. 즉시 나는 여기에 놀라운 가능성이 열려 있음을 인식했고, 나에게는 새로운 이 세계에 대하여 열정적으로 탐구하기 시작했다. 모든 스타일, 모든 제품의 필름 릴이 눈앞을 지나갔다. 군중과 함께 나는 아니타 스튜어트, 메리 픽포드, 찰리 채플린을 보러 갔다. 나는 파테Pathé, 바이타그래프Vitagraph, 에세네이Lubin and Essanay, 파라마운트Paramount and Majestic, 유니버설Universal, 니커보커Knickerbocker 제작사의 영화를 보았다. 어떻게 시나리오를 쓰는지에 대한 책을 읽었고, 제작 회사를 방문했으며, 마침내 스스로 실험을 하기 시작했다. 자명하게도 나는 지금 '영화'라는 마력 아래 놓여 있으며, 내 경우가 평균적인 경우보다 아마도 더 심하기는 할 테지만, 어느 정도는 모든 세상이 이 마력에 사로잡혀 있다.

## 예술의 새로운 형태

왜 이러한 변화가 생겨났는가? 점점 더 향상되는 기술이 극장에 대한 모방을 점점 더 실제 무대가 가진 인상에 가깝게 만들었고, 그로 인해 이 대체물이 원본만큼 좋아지게 된 것일까? 그렇지 않다. 실제 이유는 그와 정반대다. 영화극이 발전하면 할수록, 그들의 임무가 단순히 연극 극장의 저렴한 모방이 아니라, 전적으로 새로운 형태의 예술을 가져다주는 것이라고 느끼게 된다. 연극이 우리에게 주는 것과 동일한 예술을 영화도 제공하고자 한다는 오래된 믿음이 널리 만연하는 한, 영화의 상영이 가진 결점은 명확하다. 그러나 그것이 자신만의 고유한 임무를 가지고 있다면, 마치 화가의 예술이 조각가의 예술과 다른 것처럼 그것이 연극의 예술과는 다른 독자적인 예술을 제공할 수 있다면, 그렇다면 하나가 다른 것의 기준에 의하여 측정될 수는 없다는 사실이 분명해진다. 초상화에 매력을 부여하는 색깔을 우리에게 보여주지 못하기 때문에 대리석 흉상이 실패작이라고 누가 감히 말할 것인가? 반대로, 비너스의 볼에 색깔을 입히는 그 즉시, 우리는 대리석 조각상의 아름다움을 파괴하는 셈이다.

단순히 자연을 모방하는 것은 절대로 예술의 목표가 아니다. 만일 그려진 꽃이 우리에게 향기를 준다고 해도 그림이 더 좋아지는 것은 아니다. 현실에 대한 요구를 가지고 우리에게 어필하지만, 실제 자연이나 삶과는 확연히 다르면서, 예술적인 수단에 의해 실제로부터 출발하는 그 어떤 것을 우리에게 주는 것이야말로 예술의 본질이다. 이러한 이유에서 조각상은 받침대 위에 올리고, 그림은 틀 안에 넣으며, 연극은 무대 위로 올린다. 이것들은 실제 세계의 일부분으로 받아들여지기를 원하는 것은 아니다. 가장 고급예술인 음악은 세상 사와 전혀 유사성이 없는 언어로 말한다.

만일 모든 예술의 목표가 단순히 실재에 가능한 한 가까워지는 것이라면, 영화극은 무대 위의 실제 배우들이 벌이는 공연에 끝없이 뒤처질 수밖에 없다. 그러나 각각의 예술이 삶이나 자연에 스스로를 넘겨주는 일 없이, 삶을 제시하거나 흥미를 일깨우는 특별한 방식이 라는 점을 인식한다면 영화는 진가를 발휘하기 시작한다. 영화는 아름다움에 접근하는 전적으로 새로운 방식을 제공한다. 영화는 극무 대의 방식과 완전히 분리되는 경로 속에서 발전해야만 하는 예술을 선보인다. 이 예술은 극장이라는 구속으로부터 자신을 자유롭게 하는 것을, 그리고 자신만의 고유한 형태에 맞는 성과를 내는 것을 점차 더 배워나가면서 점점 더 위대한 높이에 도달할 것이다.

영화가 연극 무대의 단순한 모방으로 시작했다는 사실은 그저 자연스럽다. 마치 자동차가 처음에는 기계에 의하여 움직여지는 단순한 마차였던 것처럼 말이다. 어떠한 새로운 원리도 자신의 독자적인 형태를 천천히 찾아나가기 마련이다. 오늘날 영화극은 질주하는 자동차가 마차와 다른 것처럼 이미 연극의 모방과 다르다. 예술의 두 형태가 전적으로 다른 두 가지 영역에 각각 속해 있다고 인식되자마자, 그들은 서로 방해하지 않게 된다. 심지어 가장 이상적인 영화라고 할지라도 극장에서 연극 공연이 제공하는 특별한 예술적 즐거움을 조금도 따라갈 수 없다. 반면에 무대 위의 최고의 드라마라고 할지라도 영화극이 이상적인 완벽함에 도달한 직후부터는 이를 대체할 수 없게 될 것이다.

## 영화극의 진정한 의미

'영화'의 진정한 의미란 무엇일까? 우리에게 세상을 보여주는 영화의 특별한 방식이란 무엇일까? 초창기 대중은 사진을 사용해 실제 움직임을 보여주는 기술의 놀라운 트릭을 단순히 즐겼다. 그러나 이러한 순수한 기술적 흥미는 오래전에 사라져버렸다. 그렇다면 즐거움의 지속적인 원천으로서 무엇이 남아 있을까? 영화에는 색상이 존재하지 않고 극무대의 입체감도 없다. 무엇보다 목소리의 음색이 부재하다. 그러나 우리는 색상, 입체감 혹은 대화들을 그리워하지 않는다. 우리는 이 침묵의 세계가 가진 마력 아래 철저히 놓여 있다. 그래포폰을 카메라와 연결시켜 활동사진에 구어를 추가하려 했던 에디슨의 계획은 몇몇 합리적인 이유에 의하여 성공적이지 못했다. 그것은 영화가 자신만의 고유한 본성을 발전시키는 기회를 방해할 뿐이다. 영화는 다시 연극의 단순한 기계적 모방의 수준으로 내려앉을 것이다.

연극의 무대에서 제공되는 것으로부터 그렇게 상당히 멀어진 대신, 얼마나 많은 것을 새로 획득했는지! 새로운 시도의 가장 명백한 소득은 지출의 감소다. 이제 한 명의 배우가 수백, 아니 수천 명의 관중을 동시에 즐겁게 해줄 수 있다. 한 번의 무대세팅이 수백만에게 즐거움을 주기에 충분하다. 따라서 극장은 민주화되었다. 모든 이들의 지갑이 가장 훌륭한 예술가를 보는 것을 허락했으며, 모든 마을에 무대가 세워질 수 있게 되었다. 이 나라에 있는 만이천여 개 영화극장과 함께 예술의 행복이 모든 이들에게 도달하기를 바라는 소망이 이루어졌다.

그러나 이러한 단순한 전 지구적인 확장이 그 자체로 예술적 수단의 강화는 아니다. 그래포폰은 모든 오두막집에 음악을 가져다주었지만, 그 누구도 음반이 우리에게 새로운 예술을 가져다주었다고 주장하지는 않는다. 그 안에 담겨 있는 오케스트라나 오페라 연주는 그저 자유로운 음악예술의 기계적인 반복에 다름아니며, 교향곡이나 노래에 아무것도 더하지 않는다.

영화극에서는 사정이 완전히 다르다. 영화극은 그 어떤 연극의 무대가 보여주는 것보다도 더 많은 것을 보여준다. 아니 이렇게 말해야 더 정확할 텐데, 우리에게 무언가 근본적으로 다른 것을 보여준다. 연극의 극장으로부터 벗어나는 첫번째 단계가 곧 완수되었다. 영화는 무대극 연출가가 결코 모방할 수 없는, 장면 전환의 빠른 속도를 가능케 했다. 처음에는 이러한 가능성이 그저 유머러스한 효과를 위해서 사용되었다. 우리는 도망자가 마을의 지붕들 위를 넘어가 계단 위와 계단 아래로, 지하창고와 다락방으로 뛰어들어갈 때 그를 따라갈 수 있었으며, 그와 함께 자동차 안으로 뛰어들어 시골길을 달리면서 번개 같은 속도감을 즐길 수 있었다. 범죄자가 다리 위에서 물속으로 떨어져서 경찰에게 잡히기까지, 몇 분 안에 배경은 수십 차례나 바뀔 수 있었다.

이러한 슬랩스틱 유머는 사라지지 않았지만 그러는 동안 빠른 장면의 전환은 훨씬 더 높은 목표의 제공을 표현하기에 이르렀다. 예술적인 플롯의 진정한 발전은 실제 극작품에서 알지 못했던 가능성을 낳았는데, 이것은 한 장소에서 다른 장소로 이동하는 주인공들을 끊임없이 눈으로 따라가도록 허락해주는 것이다. 지금 그가 방을 나서고, 우리는 그가 거리를 따라 걷는 것을 본다. 그가 연인의 집에 들어서고, 응접실로 안내받는다. 그의 연인은 서둘러 아버지의 서재로 가며, 이제 그들은 다 정원으로 간다. 새로운 무대 설정들이 언제나 다른 곳으로 미끄러져 들어간다. 공간의 제약이 극복된 것이다. 이는 마치 자연의 법칙이 극복된 것과 같았다. 공간으로부터의 해방을 통하여 예술적인 상상력에 새로운 날개를 달아주는 자유가 확보된 것이다. 이러한 공간-현실의 좁은 길로부터의 완벽한 독립은 그것만으로도 새로운 형태의 예술의 권리를 확보해나가는 새로운 삶의 기회를 영화극에 부여한다.

배경의 빠른 전환으로, 영화극의 예술가는 실제 인간을 뒤에 남겨놓는 움직임의 속도에 대한 힘을 얻었다. 여기에서 그것은 자연에서 결코 수행하기 힘든 동작의 상영을 위한 첫번째 단계였다. 이것 또한 처음에는 다소 거친 유머를 제공하기 위하여 만들어졌다. 높은 빌딩 전면의 견고한 석벽을 오르는 경찰관은 실제로는 바닥에 펼쳐져 있는 평평한 빌딩 사진 위에서 기어가는 상태로 촬영한 것이다. 매일 우리에게 새로운 트릭이 도착했다. 우리는 마술사가 계란을 하나씩 깨면서 작은 요정을 꺼내 하나씩 손 위에 올려놓는 것을 보았고, 그들이 춤추기 시작하는 것을 보았다. 카메라에서는 이와 같은 마법 같은 경이로움이 어려운 것이 아니지만, 어떠한 연극 무대도 이에 준하는 것을 시도조차 하지 못한다. 풍부한 예술적인 효과가 확보되었다. 극무대에서는 어떤 전래 동화라도 어설프고 아주 힘들게 환영을 만들어냈다면, 영화에서는 실제로 사람이 야수로 변하고 꽃이 소녀로 변하는 것을 볼 수 있다.


## 클로즈업

공간이라는 장벽을 무너뜨리고 불가능한 행동을 가능하게 만드는 이러한 힘을 통하여 새로운 매혹적인 영향력에 도달할 수 있게 된 반면, 모든 것이 여전히 연속적인 단계에서 행동을 표현한 것이기 때문에 여전히 전체 무대의 바깥 영역에 남아 있다. 매우 빠르거나 불가능하기는 해도 영화극은 외부세계에서 진행되는 그대로 하나의 공연을 보여준다. 영화–극film-play의 감독이 '클로즈업'과 그와 유사한 새로운 방식을 소개했을 때 완전히 새로운 관점이 열리게 되었다. 처음에는 바이타그래프 소속 예술가를 통해 영화극의 모든 애호가들에게 알려진 클로즈업은 단연 영화의 해방을 위한 가장 큰 특징이다. 모든 이들이 알고 있듯이 이것은 주인공의 얼굴이나 손, 혹은 손가락에 있는 반지 등 화면의 특정한 부분만 확대되어 순식간에 전체 배경을 대체하고자 하는 시도였다.

모든 이들이 이 방식에 친숙해지고 있는 동안, 아주 소수의 이들

은 여기에서 우리가 위대한 미학적 경계선을 넘어서서 실제 무대와
는 완전히 이질적인 표현의 형태로 전환했다는 사실을 인지했다. 지
금은 가장 놀라운 창작극들, 예를 들면 수천 명을 전장 위에 채워넣
는 위대한 역사극 혹은 요정들이 무대 위를 날아다니는 환상적인 무
대전환 등이 연극의 극장에서도 공연될 수 있다. 그러나 클로즈업은
연극의 모든 연출기법보다도 앞서는 것이다. 무대는 우리에게 그저
외부세계에서 이루어지는 변화만을 보여줄 수 있다. 하지만 만약 우
리가 그 방에 있는 모든 것을 갑작스레 무시하고 단검을 쥐고 있는 한
손만 바라볼 수 있다면 그 변화는 외부가 아니라 우리의 정신 속에 있
다. 이것은 우리 스스로가 가진 주의력의 전환이다. 우리는 중요하지
않은 모든 것에 대하여 우리의 주의를 철회하고 행동이 집중되는 한
지점에만 집중한다. 영화극은 외부의 사건뿐만 아니라 우리 안의 내
적 행동에도 작용할 수 있는 예술이다. 우리의 주의집중은 스스로 우
리를 둘러싼 삶 속으로 투사된다.

## 새로운 표현방식들

그렇다고 주의집중이 영화에서 작용하는 우리 정신의 유일한 기능
은 아니다. 우리 내면의 또다른 활동, 즉 기억의 행위를 생각해보자.
실제 삶에서 어떤 것을 경험할 때, 우리는 끊임없이 과거의 사건을
떠올린다. 영화극이 공간의 한계를 극복한 것처럼 시간의 한계도 마
찬가지로 쉽게 극복될 수 있다. 최근 다수의 작품들에서 현재의 사건
들이 빠르게 스쳐가는 과거의 장면 이미지들에 의해 중단되는 기법
을 사용하여 색다른 매력을 불러일으킨다. 이는 마치 우리 정신을 통
해 기억이 매우 빠르게 스쳐 지나가는 것과 같다.
　　승객 두 명이 선박의 흡연실에 앉아 있다. 우리는 그들이 모험
넘치는 삶의 경험에 대해 이야기하고 있는 것을 본다. 한 사람이 말

하는 몸짓을 한다. 곧 다음 순간, 우리는 그가 빙하를 오르고, 정글을
가로지르며, 호랑이를 총으로 쏘고, 보어 전쟁에서 싸우며, 그러고
나서 파리 시내를 한가로이 거니는 모습을 본다. 하지만 몇 초도 되
지 않아 우리는 흡연실로 돌아오며, 이로써 이야기의 배경은 계속 우
리 앞에 놓여 있다.

그런데 우리의 정신은 오직 기억들만 결합시키지 않는다. 우리
의 생각은 하나의 사건에서 나란히 진행되고 있는 다른 사건으로 이
어진다. 여기 한 무도회장에서 남자와 소녀가 데이트를 즐기고 있다.
집에 있는 소녀의 어머니는 소박한 다락방에 앉아 불안하게 소녀를
기다린다. 호화로운 거실에 있는 남자의 부인은 불행해 보인다. 이제
이 세 장면이 서로 연결된다. 무도회장 장면이 10초, 다락방 장면 5
초, 거실 장면 5초, 그러고 나면 다시 무도회장이 등장하는 식으로 계
속 진행된다. 이 세 장면은 마치 오케스트라의 음색처럼 서로를 뒤따
른다.

화면에 나타나는 영상의 순서는 실제로 그 사건이 일어난 순서
를 따르지 않고, 오히려 우리 정신적 유희의 순서에 따른다. 바로 여
기에 이 새로운 예술이 심리학자에게 기이할 정도로 흥미를 불러일
으키는 이유가 있다. 영화극은 우리의 내적 삶, 우리의 통찰력, 우리
의 기억, 그리고 우리의 상상력과 기대와 주의력의 풍부함이 외부의
인상들 속에 스스로 존재하도록 만들 수 있는 유일한 시각예술이다.
영화극의 예술가가 이러한 가능성을 사용하지 않았을 때는 작품이
실제 연극보다 뒤처져 있었다. 하지만 영화가 정신의 해석이라는 이
새로운 기법을 정복한 이후부터 영화는 이제 극작품의 가치 있는 경
쟁자다. 나아가 이로부터 완전히 독립적이면서 적지 않은 점에서 연
극보다 더 훌륭한 그런 예술을 창조하고 있다.

영화극의 고유한 성격을 이해하는 그 순간부터 우리가 이제 위
대한 미학적 움직임의 시작 지점에 있다는 것을 아주 쉽게 포착할 수
있다. 영상으로 이루어진 무대와 카메라의 기술적 발전은 계속 진행

될 것이지만, 이러한 것은 이 새로운 예술 장르의 높은 성취를 향한 본질적인 진보와 비교하면 아주 부차적이다. 영화극의 제작자는 연극 무대를 흉내내며 시작했던 그 아이디어로부터 점점 더 자신을 해방시켜야 하며, 또한 새로운 예술의 고유한 권리를 점점 더 확보해야 한다. 예를 들면 상상력의 힘을 도입하려는 노력에 아직도 얼마나 주저하는지! 많은 영화극에서 살인자는 희생자의 유령을 본다. 그런데 그러한 장치는 결국 일반적인 무대에서도 익숙하다. 단지 여기서는 카메라가 가진 가능성만 제한이 없다. 첫사랑에 빠진 행복한 소녀는 세상을 하나같이 새로운 화려함과 새롭게 빛나는 아름다움 속에서 본다. 시인은 그녀로 하여금 그렇게 말하게 할 수는 있을 것이다. 오직 영화극만이 새로운 환희에 넘치는 세상 속에 있는 소녀의 모습을 보여줄 수 있다. 이는 이 시대에 이미 풍미하고 있는 매력적인 극작품, 예를 들면 니코티나 공주가 우리에게 마법을 걸거나 넵튠의 딸이 파도 위로 솟아오르는 극작품과 매우 차별화되는 무언가다. 그러한 환상극은 우리에게 아름다운 이야기를 전해주지만, 우리가 미래의 영화극에 기대해야 하는 것은 영상이 우리 자신의 상상력의 유희를 시각적으로 드러내 보여주는 것이다. 마치 음악이 마술적인 음조로 그렇게 하는 것처럼.

예술적인 관점에서 본다면, 상상적으로 세상을 구상하는 것이 세상의 현실에 부합하지 않는다는 이유로 동화에만 제한해야 한다는 생각은 완전히 틀렸다. 우리가 그러한 관점에서 계속 논의를 해가는 한 우리는 절대 진정한 예술에 도달할 수 없다. 가장 현실적인 예술조차도 언제나 우리에게 무언가 현실과는 다른 것을 전달한다. 예술적 수단이 경험에 대한 우리의 내적 관점과 조화를 이루는 한, 그것은 예술의 세상에서 환영받는다. 심지어 상상력이 화면에 투영해낸 가장 열광적인 비행 장면이 어떤 멜로극이 전하는 스토리 못지않은 내적 진실을 품고 있을 수도 있다. 영화극 예술가는 관객들로 하여금 그들이 진정한 예술의 성지를 방문하고 있다는 감정을 일깨우는 용기만을 필요로 한다.

## 영화가 어떻게 감정을 표현하는가

하지만 기억, 주의집중, 상상조차 우리 내적 정신의 전체 이야기를 말하는 것은 아니다. 인간의 핵심은 우리의 기분과 감정에 놓여 있다. 영화극이 자신만의 길을 걷기 시작하자마자 기분과 감정의 표현은 전면에 등장하게 될 것이다. 물론 영화 제작자는 이미 사랑, 증오, 두려움, 기쁨, 부러움, 혐오, 희망, 열광을 모두 릴에 담아 보여주고 있다고 말할 수도 있다. 분명 그는 그러한 감정을 보여주고 있지만, 아직은 단순히 평범한 극무대의 기법을 사용한다. 화가 난 남자는 주먹을 움켜쥐고, 겁에 질린 남자는 두려워하는 표정을 짓는다. 우리는 몸짓과 행동을 볼 뿐이다. 하지만 아직 이러한 것은 극작가가 무대 위 주인공의 입에 넣어주는, 감정을 표현하는 단어들에 비해서 얼마나 한 수 아래인지! 로미오와 줄리엣이 표현해야 했던 것은 그 어떤 부드러운 몸짓보다 결국 셰익스피어의 단어들을 통해 보다 잘 전달된다. 영화극이 연극적 기법으로만 작업하는 한, 우리는 언어를 빼앗겼다는 점에 계속 유감을 느껴야만 할 것이다.

그렇지만 만약 영화가 자신만의 도구를 통해 기분이나 정서를 표현할 수 있는 그 무한한 기법을 생각해본다면 얼마나 다른 시각이 열리는가. 우리는 클로즈업을 통해 카메라가 우리의 정신 속에서 주의집중이 하는 일을 할 수 있음을 보았다. 카메라는 사물에 가까이 다가감으로써 모든 것을 한 지점에만 집중한다. 감정과 기분 속에서 정신은 우리를 둘러싼 환경을 향해 그와 같은 태도를 취한다. 다시 말하자면, 카메라는 그와 같은 정신 활동을 모방하고자 만들어진 것이다. 정신의 흥분 상태에서 외부로부터 받는 인상의 부드러운 흐름은 중단된다. 이제 카메라가 영상의 흐름을 중단하도록 해보자. 음악가들이 '스타카토'라 부르는 생각-효과thought-effect를 시도해보자. 영화 속에서 특정한 영상을 제거함으로써 우리는 이를 만들어낼 수 있는데, 이렇게 하면 하나의 행위가 갑자기 다음 단계로 점프하는 것처럼 보인다. 아니면 영상들을 흔들리게 해보자. 16개의 포토그램이 초당 연속적인 속도로 사진들의 순서를 빠르게 뒤바꿈으로써 가능하다. 1, 2, 3, 4, 5, 6 사진을 제시한 뒤에, 다시 6, 5, 4를 제시하고, 그리고 4번부터 9번까지 보여준 후, 다시 9부터 6으로 되돌아가고, 그리고는 6부터 12까지 사진을 제시하면 전율하고 떨리는 동작이 세상을 통과하는 효과가 난다. 혹은 카메라를 직선에서 곡선으로 변환하거나, 음악의 아다지오처럼 리듬을 느리게 만들거나 알레그로나 프레스토처럼 빠르게 움직이도록 해보자. 이 모든 경우 내면에서 일어나는 흥분의 변화가 우리를 둘러싼 환경을 장악하는 것처럼 보이게 하는 효과가 만들어진다.

### 정신 활동의 모방

한 바이올리니스트가 작품을 잇달아 연주한다면 우리는 영화 속에서 연주자를 둘러싼 선율의 움직임을 통해 다양한 연주곡의 정서를 느낄 수 있다. 연주자 자신의 얼굴은 변하지 않겠지만, 그를 둘러싼 주변의 모든 것은 음조와 화음의 분위기 속으로 빠져든다. 연극의 영혼 속에서는 신체의 격렬한 몸짓을 통해 공포를 표현한다. 영화의 영혼 속에서는 두려워하는 사람을 둘러싼 세상을 소름끼치고 섬뜩한 방법으로 변화시키는 것을 통해 공포를 표현한다. 카메라는 이러한 것을 가능케 하고, 관객들은 표현되어야 할 감정의 마력 속에 깊이 빠져들 것이다. 그것은 곧 관객의 감정이 된다. 클로즈업이 모든 세부적인 것에 집중하도록 하는 주의집중이 되는 것처럼 말이다. 한 남자가 어느 장면에서 최면에 빠진다면, 그의 감정의 변화는 얼굴에

단지 어색하게만 나타날 뿐이다. 하지만 그를 둘러싼 환경은 일종의
최면의 마력이 전체 관객을 사로잡을 때까지 기괴한 형태를 취할 수
있다.

물론 일반 대중은 영화극이라는 예술이 점점 더 고차원적으로
변해가는 형태에 대하여 서서히 교육받을 필요가 있을 것이다. 대중
은 보스턴 심포니 오케스트라보다 수자의 밴드를 더 선호한다. 예술
의 최고 형태가 지닌 가치를 알기 위해서는 특정한 훈련이 요구된다.
하지만 음악에 문외한인 청중들이 가장 선호하는 행군과 무용보다
베토벤에서 드뷔시에 이르는 교향곡 프로그램이 훨씬 수준 높은 예
술임을 의심하는 사람은 아무도 없다. 영화가 단순한 신파극을 보여
준다면, 그것이 연극의 드라마보다 더 나은 것을 하나도 제공하지 못
한다 하더라도, '음악에 문외한인' 사람들에게는 고급 예술인 영화
극보다 훨씬 더 매력적일 것이다. 하지만 대중을 위한 미적 메시지
를 중요시하는 사람은 그와 같은 피상적인 욕망에 굴복하지 않을 것
이다. 그는 끊임없이 영화극을 점점 더 고차원적인 예술로 고양하고
자 하며, 그러기 위해서 영화를 구성하는 원칙을 자각해야 한다. 이
는 오직 그가 연극의 전통에서 벗어나, 영화극이 단순한 신체 동작이
아닌 정신 활동을 표현한다는 것을 이해할 때에만 이루어질 수 있다.
물론 극작품은 영화의 무언극에는 결여되어 있는, 입으로 표현된 단
어들을 통해 내적 측면을 보여준다. 카메라가 드러내 보이는 내면의
정신은 공간과 시간이 극복되고, 주의력과 기억, 상상, 감정이 육체
적 세계에 영향을 끼치는 방식으로 카메라 그 자체의 활동 속에 존재
해야 한다.

그러므로 미래의 영화극이 정말 더 높은 수준으로 발전한다면,
그 어떤 다른 예술보다, 정신의 작동을 분석하는 심리학자들의 전문
분야로 자리 잡을 것이다. 최근 우리는 현대 심리학자들의 작업이 실
제 삶의 다양한 분야에 얼마나 영향을 미치며 얼마나 유용한지 관찰
해왔다. 교육, 의학, 상업 및 산업, 법과 사회 개혁 분야는 심리학 실

험실의 결과를 일상생활에 제공한 학자들의 협업을 통해 많은 도움을 받아왔다. 이와는 달리 영화의 세계에서 조언을 구했던 유일한 과학자들은 지금까지는 물리학자들이었으며, 이들이 카메라의 작업을 위한 기술적 장비들을 발전시켰다. 이제 그들의 학문적 형제인 심리학자들이 개입할 시간이, 다시 말하면 그들이 이 분야에 진입해서 영화극이라는 예술을 경이로움으로 이끌 시간이 무르익은 것으로 보인다. 영화의 선구자들이 연극 공연의 노선 이탈을 감행한 이래로 영화의 진보는 시작되었다. 영화라는 영역으로 심리학이 점점 더 진입할수록, 그들은 점점 더 진정한 예술의 세계 속에서 독립된 부분으로서 가치를 지닐 것이며, 노소를 불문하고 사람들에게 진정한 문화교육의 수단이 되어줄 것이다.

조각이 회화를 대신할 수 없고 서정시가 음악을 대신할 수 없듯 영화의 상연은 연극 공연을 절대 대체하지 못할 것이다. 하지만 영화는 그 어떤 다른 예술이 부여할 수 없는, 예술적 욕망의 고귀한 성취를 우리에게 가져다줄 것이다.

이것이 바로 진정한 미래의 예술이다.

## 주

### 제1장 영화의 외적 발전

1 1832년 조제프 플라토Joseph plateau가 발명한 시각 놀이기구로서, 움직이는 영상을 만들어내기 위해 둥그런 원판을 분할하고 각 부분에 이미지를 입힌 후 회전시켜 작동했다.

2 그리피스D.W. Griffith 감독의 1915년 미국 영화.

3 파동 또는 빛의 일부만 통과하게 만든 작은 틈.

4 태양, 금성, 지구가 일직선을 이루어 금성이 태양 위를 가로지르는 것을 뜻한다.

5 진공 상태의 방전관으로 전극에 전압을 가해 방전을 일으키면 빛이 발생한다.

6 코닥사의 창업자.

### 제2장 영화의 내적 발전

1 평면적으로 보이는 물체에 그림자나 농도의 변화 등을 주어 입체감이 들게 함으로써 사실감을 추가하는 기법.

2 원제는 〈파라마운트 픽토그래프: 스크린을 위한 잡지Paramount Pictographs: the Magazine for the Screen〉이며 파라마운트 영화사에서 제작한 짧은 영상 시리즈다. 여기에 뮌스터베르크가 부주필associate editor로 참여해, 최초의 산학협력의 모델을 제시했다.

3 초기 영화에서 뮌스터베르크 시대까지 영화는 흑백무성영화로, 색과 소리가 결여되어 있었다.

4 필름의 앞뒤에 붙이는 여유 필름을 뜻하며, 그중에서도 헤드리더는 카운트다운과 영화 정보 등을 포함하고 있다.

5 1867년작 입센의 대표적 희곡이다.

6 실제로 〈햄릿〉은 1900년 이후 뮌스터베르크가 이 책을 집필한 1916년 이전까지 다양한 나라에서 일곱 차례 이상 영화화되었고, 〈페르귄트〉는 1915년 영화화되었다.

### 제3장 깊이와 운동

1  18세기 말부터 등장한 액세서리로, 한쪽에 기다란 손잡이를 단 멋내기 안경.

2  전통적인 연극을 뜻한다.

3  연극 무대 위의 배우들.

4  무성영화의 배우들을 뜻한다.

5  본래 모양의 두께로부터 반 이상이 튀어나오도록 하는 조각방식.

6  위치의 지정.

7  모인 이미지들이 그대로 남아 보이는 현상을 지칭한다.

8  눈을 다른 대상으로 이동시키면 원래의 색과는 반전된 색으로 나타나는 현상을 지칭한다.

### 제4장 주의집중

1  무대 앞쪽에 설치되어 배우들의 발 높이에 있는, 아래쪽에서 무대를 비추는 조명.

2  사진 등을 넣어 목걸이에 다는 작은 갑.

### 제5장 기억과 상상

1  에밀 가보리오는 19세기 프랑스 소설가로 『르루주 사건』 『오르시발의 범죄』 등 주로 탐정 소설을 썼다.

2  항해용 배에서 돛을 조작하는 장비 또는 그 장비가 있는 장소.

3  1914년에 개봉한 미국 영화.

4  뉴욕 맨해튼 매디슨가에 지어진 메트로폴리탄 생명보험회사 건물로 1909년 완공되었다.

5  영국 식민지 시절 맨해튼 지역의 명칭.

6  1915년에 개봉한 라울 월쉬Raoul Walsh 감독의 무성영화.

7  마찬가지로 1915년에 개봉한 세실 B. 드밀Cecil B. DeMille 감독의 무성영화.

8  장면의 갑작스러운 중단.

9  5센트(니켈) 입장료를 받고 활동사진을 보여주던 초창기 영화관.

## 제6장 공감

1  뉴욕시에 있는 큰 거리.

2  뉴욕시 맨해튼섬의 동쪽 지구.

3  오스트리아의 연출가 막스 라인하르트Max Reinhardt(1873~1943)가 즐겨
사용했던 건축적이고 웅장한 무대 스타일을 지칭한다.

## 제7장 예술의 목적

1  축음기를 개선해 나온 기계의 이름이자 상표를 뜻한다.

2  정교한 다색 인쇄 기술.

## 제8장 다양한 예술의 수단

1  1893년에 에디슨이 개발한, 사진을 빠르게 넘겨 영상처럼 보이게 한 대표적인
장치.

## 제9장 영화극의 수단

1  1915년에 개봉한 미국의 무성영화.

## 제10장 영화극의 요구

1  도시의 상업지구나 극장가에서 가장 밝게 불을 밝힌 중심 거리를 지칭한다.

2  단순한 반주에 그치지 아니하고 음성과 일체가 되는 음악적 협업.

3  키네마컬러는 1906년 영국의 조지 스미스가 발명했으며, 1908부터
1914년까지 상용화된 기법이다. 흑백 필름을 빨간색과 초록색 필터에
투사시켜 색을 냈다.

4  캐나다 태생의 미국의 배우이자 영화 스튜디오 유나이티드 아티스츠의 공동
설립자. 영화예술 과학 아카데미의 초기 36명 설립자 중 한 명이기도 했다.

5  미국의 배우이자 영화 프로듀서.

6  1909년 개봉한 〈니코틴 공주: 혹은 연기의 요정Princess Nicotine; or, The
Smoke Fairy〉의 주인공.

## 제11장 영화극의 기능

1  1900년대 초부터 시작된, 피아노를 중심으로 한 초기 재즈 음악.

2 미국 영화산업에서 영화의 악영향에 대한 경계와 검열은 프로테스탄트
혁신주의자들을 위주로 공론화되기 시작했으며, 1907년 시카고에서 영화
검열 조례가 제정된 이래 여러 주에서 검열 관련 조례 및 검열위원회가
구성되었다.

3 실제로 정부 차원의 법적 검열을 피하고자 미국 영화계는 꾸준히 자정 노력과
자율규제를 추진해왔다. 영화산업의 이익을 보호하기 위해 1909년 설립된
전국영화검열위원회 및 1915년 설립된 전국영화산업협회가 대표적이다.

4 이 책이 저술된 1916년은 미국에서 영화가 언론에 속하지 않는다는 판결이
나왔던 해이며, 이를 기반으로 미국 영화 산업계는 정부 차원의 검열로
나아가는 대신 등급제로 이행하게 된다.

5 미국의 취주악 지휘자이자 대중적인 작곡가로 '행진곡의 왕'으로 불렸다.

**해설**

# 1세대 시네필이 보내는 영화에 대한 찬가
후고 뮌스터베르크의『영화극: 심리학적 연구』에 대하여

"새로운 예술의 고치가 열린다. 그렇다면 나비의 날개는 그를
어디로 데려갈 것인가?"

_후고 뮌스터베르크

## 최초의 영화이론서

여기 새로 시작되려는 예술이 있다. 그리고 그 위대한 탄생을 목도하
고 있는 지식인이 있다. 그에게는 이 예술의 찬란한 미래가 보인다.
우리 시대, 아직 예술로 분류되지 못하는 장르들을 위해 고군분투하
는 많은 이들과 유사하게도, 지난 세기 초반의 하버드대학교 심리학
과 교수 후고 뮌스터베르크(1863~1916)는 이제 막 시작된 '영화'를
진지한 학문적 대상으로서, 예술로서 인정받고자 노력한다. 이를 위
해 그가 저술한『영화극: 심리학적 연구 The Photoplay. A psychological study』(이
하『영화극』)는 세계적으로 최초의 영화이론서라는 지위를 가진다.
뮌스터베르크는 처음에는 신기한 볼거리로, 그 이후에는 주머니가
가난한 사람들을 위해 연극을 대체하는 장르라고 여겨지던 영화에
대한 시각을 이 책을 통해 재고하고자 했고, 이 낯설고 조잡해 보이
는 '움직이는 사진'으로 된 드라마들이 무한한 발전 가능성을 가졌음
을 알리고자 했다. 당시의 영화는 연극과 유사하게 배우들의 연기를

통해 서사를 전개해나가는 형식이었지만, 실제 무대에서 공연되는 것이 아니므로 카메라로 찍은 화면을 통해서는 현장성과 입체감을 느낄 수 없었고, 아직 무성영화로서 배우들의 대사를 들을 수 없다는 단점 또한 가지고 있었다. 이러한 점 때문에, 영화는 당시 고급 예술 형식인 무대극의 하위 장르로, 결코 원본을 뛰어넘을 수 없는 모사본 일 뿐이라는 평가를 받았다.

그렇지만 뮌스터베르크가 보기에, 영화가 가진 놀라운 가능성 은 바로 이 연극과는 다른 기술적인 측면, 즉 카메라로 촬영하여 다 양한 편집이 가능하다는 점이었다. 더욱이 이렇게 구현된 영화 기술 들, 즉 클로즈업, 과거 회상, 빠른 화면 전환, 서로 다른 공간의 몽타 주라는 영화적 특성이, 놀랍게도 우리의 마음속에서 일어나는 과정, 즉 인간의 정신작용과도 일치한다는 사실에 뮌스터베르크는 주목한 다. 말하자면 1세대 시네필Cinephile이었던 그는 우연히도 뛰어난 심리 학자이기도 했던 것이다. 따라서 『영화극』의 말미에서 뮌스터베르 크는 이제 막 시작된 영화를 다음과 같이 축복할 수 있었다.

"처음으로 심리학자는 완전히 새로운 미학적인 발전의 시작을 목도할 수 있게 되었다. 기술 시대의 혼란 속에서 진정한 아름다 움의 새로운 형식을 말이다. 이 형식은 바로 그 기술에 의해서 태어났으나, 어떤 다른 예술보다도 더 외부의 정신의 자유롭고 풍부한 유희를 통해 자연을 극복할 운명을 가진다."(144쪽)

## 뮌스터베르크의 영화이론 수용이 늦어진 이유

우선 저자에 대한 설명이 필요하다. 영화의 탄생 이후 그 이론적 수 용의 첫걸음을 내디딘 후고 뮌스터베르크는 단치히 출생의 독일 학

자이며, 독일과 미국에서 실험 및 응용 심리학의 기초를 놓은 학자이
다. 이미 실험심리학자로 명성을 가진 뮌스터베르크가 주목한 영화
의 예술적 특징은 영화의 시각적 표현 과정이 우리의 두뇌 속에서 시
지각적 정보가 처리되는 과정을 그대로 재현하고 있다는 점이다. 이
러한 선구적인 통찰은 현재의 관점에서 인지과학적인 매체 이론과
매우 밀접한 관련이 있으며, 당대 실현된 영화에 대한 진단이라기보
다는 앞으로 실현될 영화의 미학적 가능성과 더 긴밀하게 연결되는
것이었다. 새로운 기술이 구현해낸 예술형식에 대한 찬반이 거세던
당시 상황에서 뮌스터베르크의 통찰은 어쩌면 시대를 지나치게 앞
서가는 것이었고, 아마 이러한 측면이 1910년대에 나왔던 이 이론서
가 오랜 기간 잊혀 있다가 1970년에 이르러서야 미국의 영화이론가
들에게 재발견된 이유 중의 하나일 것이라 생각된다.

   물론 독일에서 건너간 유대계 심리학자 뮌스터베르크의 저작
에 대한 평탄하지 않았던 수용사에는, 이보다 조금 더 복잡한 문화정
치사적인 배경이 존재한다. 뮌스터베르크는 실험심리학을 정초한,
현대 심리학의 아버지로 불리는 빌헬름 분트[W. Wundt](1832~1920)
의 제자로서 라이프치히대학교를 거쳐 프라이부르크대학교의 강단
에 섰다. 그가 미국으로 건너가게 된 계기는 독일을 방문중이던 미국
의 심리학자이자 철학자인 윌리엄 제임스[William James](1842~1910)의
초청에 의해서였다.[1] 뮌스터베르크는 그의 요청으로 하버드대학교의
심리학 실험실을 이끌었으며, 미국에 정착한 바로 다음해인 1898년에
미국심리학회 회장으로, 한 해 뒤에는 하버드대학교의 철학 학부 학
장으로, 1909년에는 미국철학협회 회장으로 선출되었다. 비판적 지
식인으로 미국 사회의 문제점에 대하여 거침없는 의견을 내놓던 '유
럽인' 혹은 '독일인' 뮌스터베르크의 입지가 줄어든 것은 독일이 일으

---

1   프리드리히 키틀러, 『축음기, 영화, 타자기』, 유현주·김남시 옮김,
문학과 지성사, 2019, 216쪽.

킨 제1차세계대전에 미국이 관여하면서부터였다. 독일의 입장을 방
어하는 뮌스터베르크에 대한 비난 여론이 학내와 학외 양쪽에서 발
생했으며, 이러한 정서는 1915년 독일의 잠수함이 영국의 여객선을
침몰시키고, 민간인 희생자 중 미국인이 포함되는 사건이 일어나자
한층 심각해진다.[2] 그렇지만 뮌스터베르크를 향한 미국 사회의 다소
불편한 시선이 1916년 말, 그가 대학 강의실 안에서, 그것도 자신의
강의 도중에 지금까지도 밝혀지지 않은 이유로 돌연 사망하는 매우
충격적이고도 비극적인 결말로 끝나게 될 것을 예감한 사람은 없었
던 것으로 보인다.

뮌스터베르크의 동료이자 베를린 출신의 심리학자 막스 데소
아Max Dessoir는 1918년에 발행된 뮌스터베르크의 『심리학의 개요
Grundzuge der Psychologie』(1900) 독일어판 2쇄본에 저자를 대신하여 서문
을 썼는데, 여기에서 다음과 같이 당시의 정황을 설명한다.

### 후고 뮌스터베르크를 기억하며

1916년 12월 16일, 우리가 이 저작에 대해 감사해야 하는 바로
그 사람이 이날 세상으로부터 영원한 이별을 했다. 세계 전쟁의
종식을 그는 지켜보지 못했다. 독일로부터의 평화 제안이 미국
으로 전달된 바로 그때, 그는 죽음을 맞이했다. 곧 도래할 평화에
대한 확신에 찬 기다림 속에서, 황제의 개입에 행복해하며, 어느
푸르도록 흰 눈이 내렸던 아침에 집을 나서며 부인과 인사를 했
고, 이로부터 반 시간도 지나지 않아 그는 강의 도중 의식을 잃고
쓰러져 사망하고 말았다. 조국은 한 용감한 선구자를 잃었으며,

---

2   Langdale, Allan: S(t)imulation of Mind: The Film Theory of Hugo
Münsterberg. in: *Hugo Münsterberg on Film. The Photoplay: A Psychological
Study and Other Writings*, ed. by Allan Langdale, 5-6.

학문은 지도자를, 한 가정은 선량하고 신뢰할 수 있었던 사람을, 그리고 삶은 확신에 차 있던 자신의 추종자를 잃어버렸다.[3]

뮌스터베르크의 『영화극』이 1970년 미국 도버출판사에서 드디어 재발간되었을 때, 이 도버 판본의 서문을 썼던 그리피스[Richard Griffith]는 그동안 이 책이 잊혔던 이유에 대해 다음과 같이 추측한다. 즉, 제1차세계대전이 끝난 이후 미국인들은 자신들이 뮌스터베르크를 부당하게 대우했던 것을 잊고 싶어했으며, 바로 이러한 점이 뮌스터베르크의 죽음에 대한 기억과, 동시에 같은 해에 출간되었던 이 책에 대한 기억 양쪽을 모두 억압했다는 것이다.[4] 도버 판본 이후부터 『영화극』은 계속하여 재발행 및 후속 연구가 뒤따르며, 적어도 미국에서는 초기 영화이론의 가장 중요한 텍스트 중 한 편으로 인정받게 된다.

## 뮌스터베르크 르네상스

비평의 역사에서 뮌스터베르크의 『영화극』은 영화에 대한 에세이로부터 학문적인 고찰로 전환되는 최초의 지점을 표시해준다. 뮌스터베르크의 『영화극』이 첫번째 영화이론으로 공인된 이외에도, 최근 매체학계에서 '뮌스터베르크 르네상스'가 일어나게 된 이유는 독일의 매체철학자 프리드리히 키틀러[Friedrich Kittler](1943~2011)에 기인하다고 할 수 있다. 이미 1910년대에 영화 이미지를 인지하는 방식과 인간 두뇌가 작동하는 방식의 유사성을 설명하고 있는 뮌스터

3  Dessoir, Max: Zur Erinnerung an Hugo Münsterberg, in: Münsterberg, Hugo: *Grundzüge der Psychologie*, 2. Auflage, Berlin 1918, S. v–xviii.

4  cf. Griffith, Richard: Introduction, in: Münsterberg, Hugo: *The Film: A Psychological Study. The Silent Photoplay in 1916*, New York: Dover Publications 1970, ix–xi.

베르크 이론에서 키틀러는 많은 영감을 받았음이 분명하다. 그 증거
로, 서구의 문화사를 매체사로 재구성하는 자신의 프로젝트에서 그
는 뮌스터베르크의 텍스트를 역사적 "중요 증인"[5]으로 즐겨 호출하
고 있다. 1986년에 나온 키틀러의 저작『축음기, 영화, 타자기』는 뮌
스터베르크의 이론을 매체이론사의 "혁명적인 이론"[6]으로 명명한다.

이것이 바로 뮌스터베르크가 통찰한 바였다. 1916년 뉴욕에서
『영화극: 심리학적 연구』라는 영화에 대한 얇고, 혁명적이고, 지금
은 잊힌 이론을 담고 있는 책이 출판되었다. 정신과 의사들이 계속해
서 움직임의 병리학에 머물러 있고, 정신분석학자들이 계속해서 영
화를 소비하고 책으로 다시 번역하는 동안, 하버드대학교 심리학 실
험실의 책임자는 단순한 소비와 사용을 넘어서고 있었던 것이다. 그
의 미국에서의 명성에 화답해 뉴욕의 스튜디오들은 그에게 문호를
개방했다. 따라서 그는 제작자의 입장에서도 주장을 펼칠 수 있었고,
영화와 중추신경계의 결속이라는 근본적 차원에서도 주장을 펼칠
수 있었다.[7]

키틀러에 따르면, 뮌스터베르크는 정신적인 것과 기술을 접속
시키며 누구보다도 정밀하게 영화를 규정해냈다. 뮌스터베르크의
이론과 함께 "영화관은 매일의 일상적인 조건 속에서 중추신경계의
무의식적인 과정을 드러내는 심리적인 실험"[8]의 장으로 변모한다.

5  Schweinitz, Jörg: Psychotechnik, idealistische Ästhetik und der Film
   als mental strukturierter Wahrnehmungsraum: Die Filmtheorie von Hugo
   Münsterberg, in: Hugo Münsterberg. Das Lichtspiel: eine psychologische
   Studie und andere Schriften zum Kino, hrgs v. Jörg Schweinitz, Wien 1996,
   S.25.
6  키틀러, 292쪽.
7  키틀러, 292쪽.
8  키틀러, 295쪽.

이렇듯 뮌스터베르크 이론을 주요 기반 중의 하나로 하여 자신의 이론을 전개한 키틀러의 뒤를 이어, 독일어권에서도 90년대 초 부스P. Wuss와 디더리히스H. H. Diederichs의 뮌스터베르크 연구가 나왔으며, 1996년, 초판이 나온 지 70년의 세월이 흐른 뒤, 세기 초의 학문적 언어를 감수하여 현대 독일어로 번역한『영화극』이 출간된다.

## 독자적인 예술로서의 영화

뮌스터베르크 영화이론을 바라보는 공통된 시선은, 이 이론이 영화라는 예술형식이 겪었던 첫번째 사회문화적, 그리고 장르상의 구조적 전환기에 나온 이론이라는 점이다. 20세기 초 구경거리에 불과했던 '활동사진'으로부터 '예술작품'으로의 패러다임 변화는 무엇보다 관람층의 변화와 확대를 동반했다. 엘리트주의 지식인 뮌스터베르크가 영화에 주목하기 시작한 것도 1915년이었다. 그는 이 신생 매체가 가진 잠재력과 상업적인 중요성을 바로 알아차렸던 것으로 보인다.『영화극』이 나오기 한 해 전에 나왔던, 영화에 대한 그의 최초의 글「우리는 왜 영화관에 가는가」(1915)에서는 영화에 대한 사회적 관심이 고조되고 있음을 지적하고, 우리가 이 빠르게 발전하고 있는 영화 산업에 대해 주목해야 한다고 주장한다. 그의 이러한 판단은『영화극』의 출간 몇 주 후 영화 제작사인 파라마운트사의 초청으로 인터뷰를 하게 되었을 때도 분명히 드러나고 있는데, 그는 여기에서 영화가 "현재로서는 우리가 단지 그 시작만을 볼 수 있는 놀라운 성공을 타고났음"[9]을 예견하고 있다.

---

9  Münsterberg, Hugo/Paramount Co.: Interview für Paramount Co. (1916), in: *Hugo Münsterberg. Das Lichtspiel: eine psychologische Studie und andere Schriften zum Kino*, S.115.

1916년까지 그가 접할 수 있던 영화의 작품 수가 제한되어 있었고, 그 형태도 매우 초보적이었다는 것을 고려하면, 이러한 주장은 지나치게 낙관적으로 들릴 수도 있을 터였다. 그러나 상업적인 발전뿐만 아니라, 학자로서의 그가 더 강조했던 것은, 독자적인 예술로서의 영화에 대한 평가였다. 애초에 서사를 강조한 '영화극'이라는 명칭을 사용함으로써 연극과 동등한 지위로 올라서는 것이 당면한 목표인 것처럼 보였지만, 뮌스터베르크는 이미 여기에서 한발 더 나아가고 있다.

나는 영화극이 완전히 새로운 독자적인 예술을 표현하고 있다고 확신합니다. 그리고 이 예술이란 우리가 연극과의 비교를 포기할 때만 비로소 이해할 수 있는 그러한 것입니다. 영화극은 자기 자신만의 법칙과 조건을 가지고 있으며, 이것은 마치 음악이 문학으로부터, 또 회화가 조각으로부터 구분되는 것과 꼭 마찬가지로 무대극과는 구별됩니다. 물론 이 새로운 예술이 완전한 자신의 표현을 찾으려면 앞으로 많이 변화되어야 할 것입니다.[10]

말하자면 매체의 진화는 언제나 앞으로 나아가는 것이어서, 전혀 다른 매체 특성을 가진 영화를 이전 매체인 연극에 묶는 시도는 오히려 영화의 가능성을 제한하는 결과로 남는다. 그렇다면 연극과 완전히 다른 영화만의 매체 특성은 무엇인가? 『영화극』은 오로지 이를 설명하기 위해 기술된 것으로 읽힌다. 그는 여기에서 영화의 특성을 미학적 인지 과정의 근본적인 과정 그 자체에 있다고 보았다. 일차적으로 이러한 진술은 영화를 연극으로부터 분리시켜 독자적 예술로서 정립하려는 의도에 기반한 것이며, 궁극적으로는 이를 넘어서 완

10  Münsterberg, S.115.

전히 자유로운 인간의 정신작용처럼 작동하는 영화의 미적 원리를
면밀히 구성해내려는 시도였다.


## 『영화극』의 구성

『영화극』은 영화의 발달사를 서술하고 있는 '서문'과 제1부 '영화극
의 심리학', 그리고 제2부 '영화극의 미학', 이렇게 세 부분으로 구성
되어 있다. 이 책이 가진 방법론상의 특수성은 서문에서부터 시작된
다. 뮌스터베르크는 영화가 발달하게 된 외적 계기(기술적 발전)와
내적 계기(미학적 발전)를 나누어 설명하고 있으며, 이곳에서 제시
한 영화사는 그 시작점을 알 수 없는 것으로 설명된다. 영화를 어떻
게 정의하느냐에 따라 그 시작점과 전사는 얼마든지 바뀔 수 있다는
것이다. 그중에서 뮌스터베르크가 선택한 것은 1872년 머이브리지
의 촬영 실험과 이와 결합시킬 수 있는 1830년대의 시각적 착시 현상
에 대한 심리학적 실험들이었다. 실제로 발생한 객관적인 운동과는
다른 시각적 정보를 인지하게 되는 효과의 발견에 이어서, 머이브리
지에서 마레Étienne-Jules Marey, 그리고 안쉬츠Ottomar Anschutz로 계속 이
어지는 연속촬영기술 발전은 영화의 실현을 위해 한 발 한 발 나아가
고 있었고, 여기에 마지막 결정적인 역할을 한 사건은 바로 이미지의
물질적 저장체인 필름의 발명이었다. 코닥의 창업자인 이스트먼이
발명한 필름 덕에, 많은 수의 사진이 인간의 눈앞을 빠르게 스쳐 지
나갈 수 있게 되었다. 이것이 최초로 실현된 것이 바로 1인용 영화관
인 에디슨의 키네토스코프였으며, 뒤이어 영화가 폭발적으로 대중
에게 알려지게 된 계기는 뤼미에르 형제가 선보인 스크린에서의 집
단적 수용 방식이었다. 바로 이 뤼미에르 형제풍의 영화관이 당시 미
국 전체를 지배하고 있는 상황에서, 뮌스터베르크는 빠르게 발전해
온 영화의 외적 발전 시기가 진정한 의미를 가지려면, 이제 영화가

진기한 구경거리에서 '예술'로 전환하는 내적인 발전이 시작되어야
할 때라고 진단한다.

우선 그는 인간의 머릿속에서만 가능하던 상상의 세계가 영화
와 함께 외화되었다는 점에 주목한다. 무대 위의 극들이 이러한 상상
을 눈속임과 함께 은유적이거나 제한적으로만 실현할 수 있었던 반
면, 영화는 이것을 실제로 제시하고 있다는 것이다.[11] 예를 들면, 다이
빙하는 사람이 물속에서 다시 튀어올라 다이빙대로 올라섰다면, 이
것은 그렇게 놀라운 일이 아니라 단지 카메라의 필름을 거꾸로 감은
것뿐이다. 또한 꽃 한 송이가 순식간에 꽃잎을 피웠다가 시든다면,
그것도 카메라의 필름을 빨리 감은 것뿐이다. 영화는 이렇게 이전 예
술에서 불가능했던 마술을 한순간에 완성해 실제로 보여주며, 동시
에 현실 세계의 시간의 흐름을 뛰어넘어 예술을 시간의 구속에서 마
침내 해방한다.

**영화와 정신작용의 유사점**

여기에서 뮌스터베르크의 분석은 한층 더 세분화된다. 머릿속 환상
이 외화되고 있는 영화의 방식까지도 인간의 정신작용과 닮았다는
것이다. 그가 주목하고 있는 것은 카메라와 편집, 필름의 영사와 함
께 이에 대한 관객의 상호작용이 어떠한 결과를 가지고 오느냐는 점
이다. 이 과정에서 설명되는 것은 어떻게 평면이 입체감을 가지고 제
시되는지, 어떻게 정지된 컷들이 운동감을 가지는 것처럼 보이는지
에 대한 학문적 답변이다. 그는 깊이감과 운동감, 주의력, 기억과 상

---

11  키틀러는 바로 이 부분에서 이전 시기까지 문학만이 수행하던
인간의 내면연극("상상계")을 기술매체 시대에서는 영화가 넘겨받았다고
진단한다. 키틀러, 295~296쪽, 304쪽 참조.

상력, 감정이라는 정신 반응의 키워드를 통해 영화의 시각 정보가 수용자에게 전달되는 과정을 구조화해 보여주고자 한다. 즉, 영화가 표현되거나 수용되는 과정은 마치 정신이 작동하는 방식처럼 이루어져 있다는 것이다.

뮌스터베르크는 영화의 미학이 관객에게 주는 효과, 즉 "특정한 형태의 예술적 노력이 우리 안에 생성해내는 정신적 과정"(33쪽)을 관찰하고자 했다. 즉, 『영화극』이 제시하는 영화이론의 특수성은 바로 뮌스터베르크에 의해 창안된 학문인 '정신공학Psychotechnik'의 한 분야로서 간주할 수 있다. 예를 들면, 세부묘사의 격리와 확대, 즉 영화의 언어로 '클로즈업'이라 부르는 기법은, 우리의 내면세계에서 일어나는 정신적 행위인 '주의집중'이 외부세계에서 실현된 결과다. 이러한 관찰은 모든 종류의 무의식적 메커니즘에 동일하게 해당한다. 또다른 예는 다음과 같다. 여타 다른 극에서는 이미 지나간 사건들에 대해서 관람객 스스로의 내부적 저장만을 전제하며, 이들을 다시 불러오기 위해서는 우리의 기억재료들이 이미지를 재생산하는 내적 과정이 필요하다. 그와는 다르게, 영화극에서는 커트-백[A→B→A]이나 장면 전환이라고 불리는 것이 있는데, 작품 내에서 이미 일어났던 일을 필요한 부분만 짧게 편집하여 보여줄 수도 있고, 교차편집이나, 변형 및 몽타주 형태로서 눈앞에 제시할 수도 있다. 마치 이러한 이미지가 관람자의 내부에서 이미 한 번 처리된 것처럼 말이다. 이것은 '실제 인간 기억 기능의 객관화'로서 이해될 수 있다. 연극의 무대를 볼 때 주의집중이나 기억의 환기는 우리 마음속에서만 일어나지만, 여기에서는 그 자체를 시각적으로 볼 수 있도록 화면에 투사된다. 마치 현실이 자신의 연속적인 연결을 잃어버리고, 우리 마음의 요구에 맞추어 재형성된 것처럼 말이다. 이는 시간뿐만 아니라 공간의 구속에서도 영화를 해방시키는 것이며, 이렇게 영화를 통해서 인간중추신경계가 외부로 이전한다.

『영화극』은 이러한 방식으로, 깊이감과 운동감, 주의력, 기억과 상상력, 감정이라는 정신 반응의 키워드를 통해 영화의 시각 정보가 인지되는 과정을 보여준다. 다시 말하면, 영화란 공간이나 시간, 인과관계와 같은 외부세계의 형식을 주의집중이나 기억, 상상력, 감정과 같은 인간 내부 세계의 심리반응을 통해 조정하고 있는, 매우 새로운 형태의 심미성을 가진 예술형식이다. 이러한 이유에서 영화이론가 토마스 앨세서Thomas Elsaesser(1943~2019)는 영화이론의 역사에서 영화와 정신이 근본적으로 유사하다고 본 관점이 바로 뮌스터베르크부터 시작한다고 지목한다.[12] 외부의 사건이 속한 객관적인 세계라는 것은 사실 정신의 주관적인 움직임에 맞춰 조율됐으며, 정신은 기억과 상상이라는 개념을 발전시켜왔다. 그리고 영화는 이를 영화기법들로 만들어냈다. 정신은 주의를 집중할 때 특정 부분만을 선택하여 확대한다. 영화는 또한 이를 객관화했다. 정신은 감정으로 가득차 있으며, 영화의 장면들은 카메라를 통해 이러한 감정에 공명한다. 우리는 움직임과 입체감을 지각하지만, 이마저도 외부세계의 것이 아니라, 영화가 제공하는 기법을 통해 우리 내부에서 생산하는 것이다. 즉, 영화는 완벽하게 객관적인 외부에 있는 것도 아니고, 문학이 일으키는 상상력처럼 온전히 머릿속에만 있는 것도 아니다. 인간 내면을 외화시키는 외부적인 기술과 이를 다시 내적 이미지들로 만들어내는 정보 처리라는 인지 과정의 결합으로서 존재한다. 앨세서는 뮌스터베르크가 영화에 담긴 내용이 아닌, 영화의 형식에 대해 매체가 가진 물리적 기반을 바탕으로 설명을 시도했다는 점에 주목하여, 이와 같은 영화이론을 키틀러가 이야기하는 '하드웨어'에 더 우선권을 부여하는 관점이라고 정리한다.[13] 다시 말하면, 영화의 '내용'만

12   토마스 앨세서 · 말테 하게너, 『영화이론. 영화는 육체와 어떤 관계인가?』, 윤종욱 옮김, 커뮤니케이션북스, 2012, 276쪽 참조.

13   토마스 앨세서 · 말테 하게너, 278쪽 참조.

을 분석하는 영화연구의 메인스트림 외부에서 매체 특성 및 형식을 분석하는 흐름을 시작한 연구라고 볼 수 있으며, 여기에 매체이론으로서 뮌스터베르크 영화이론이 가지는 의의가 있다.

## 한국어 번역에 대하여

이 책은 영어로 출판되었지만, 뮌스터베르크가 이미 독일의 대학교에서 조교수로 재직하다가 29세에 하버드대학교 연구소장으로 취임하면서 미국에서 학자로서의 활동을 시작했기 때문에, 전반적으로 매우 독일적인 영어로 저술된 것이 특징이다. 또한 내용상으로도 독일 낭만주의 문학작품의 예가 곳곳에 녹아들어가 있는 등 독일의 인문학적 전통에 폭넓게 접맥하고 있다. 따라서 보다 정확한 번역을 위해 영문판과 독일어판에 대한 비교연구를 통해 번역할 필요가 있다고 판단했다. 『영화극』은 영문판으로 두세 가지 판본이 널리 읽히고 있으며, 독일어로는 한 종류의 번역본이 현재까지 나와 있다. 이 판본들에는 '산학 협력'의 개념을 최초로 제안한 것으로 유명한 파라마운트사 초청 연설문 「우리는 왜 영화관에 가는가」도 함께 수록되어 있는데, 이번 한국어판에도 포함되었다. 인문학 서적의 출판이 전반적으로 어려운 시기에, 영화의 역사에서 첫번째 이론서로 기록되는 뮌스터베르크의 귀중한 텍스트에 대해 흔쾌히 출판 결정을 내려준 문학동네 출판사에 다시 한번 감사의 마음을 전한다.

　우리 시대 영화는 더이상 '새로운 예술'이 아니며, 더구나 이제는 옛 매체old media 중 하나로서 새로운 신생 매체들과 거센 경쟁을 치르고 있다. 어쩌면 영화는 또다시 다른 형태의 미학적 창작과 수용을 고민해봐야 하는 새로운 전환기에 다다른 것인지도 모른다. 이러한 상황에서 뮌스터베르크의 이론을 다시 읽어본다는 것은, 즉 소리도 없이 이미지로만 전달하는 프로토타입의 초기 영화에 대해 수행한 첫번째 미학적 구상을 일독한다는 것은, 영화라는 매체 그 자체에 대해 다시 숙고해보는 계기가 되어줄 수 있을 것으로 기대한다.


2024년 겨울, 신촌에서
유현주

**영화극: 심리학적 연구**

초판 인쇄 2024년 12월 11일
초판 발행 2024년 12월 30일

지은이 후고 뮌스터베르크
옮긴이 유현주

책임편집 이경록 편집 오윤성
디자인 신선아 최미영
저작권 박지영 형소진 최은진 오서영
마케팅 정민호 서지화 한민아 이민경 왕지경
　　　정유진 정경주 김수인 김혜원 김예진
　　　이서진 김경언
브랜딩 함유지 함근아 박민재 김희숙 이송이
　　　김하연 박다솔 조다현 배진성 나현후
제작 강신은 김동욱 이순호
제작처 한영문화사

펴낸곳 (주)문학동네
펴낸이 김소영
출판등록 1993년 10월 22일 제2003-000045호
주소 10881 경기도 파주시 회동길 210
전자우편 editor@munhak.com
대표전화 031) 955-8888
팩스 031) 955-8855
문의전화 031) 955-3579(마케팅)
　　　　031) 955-3572(편집)
문학동네카페 http://cafe.naver.com/mhdn
인스타그램 @munhakdongne
트위터 @munhakdongne
북클럽문학동네 http://bookclubmunhak.com

ISBN 979-11-416-0861-3 93680

www.munhak.com